東大生の子どもの頃の習慣を科学的に解明

勉強ができる子になる育て方

東京大学 医学博士
森田敏宏

SOGO HOREI PUBLISHING CO., LTD

はじめに

子どもの学力と個性は「習慣」で伸びる

２０２０年、全世界を新型コロナウイルスが襲いました。

親は会社のテレワークの導入により在宅勤務が進められ、子どもたちも学校に行けず、外出を自粛せざるを得ない時期を過ごしました。

ただ、コロナウイルスによる騒動が続く中でも、活躍している人々がいます。

台湾では、アメリカの外交政策研究季刊誌『Foreign Policy』で「世界の頭脳百人」に選ばれた、デジタル担当政務委員（大臣）の唐鳳（オードリー・タン）氏が、マスクの在庫が一目でわかるアプリのプログラムを開発し、日本でも一気に知名度が高まりました。

日本では自宅でテレビを付ければ、東京大学の学生たちがクイズ番組で頭脳を駆使し、難問を次々とクリアしています。

彼らの活躍を見るたびに、「わが子に、そこまでの才能は……」と思いながらも、「もしかしたら、素晴らしい才能を活かして活躍できるかもしれない」と、淡い期待を寄せている親も少なくないと思います。

では、どうしたら、わが子を彼らのように育てることができるのでしょうか。

あるいは、どうしたら、彼らほどの活躍はできないまでも、特定の分野で抜きん出た成果を出すことができるのでしょうか。

子どもの才能を伸ばすためには、まず、子どもの個性を認めることが必要です。

日本の学校教育では、標準であることが良しとされます。先生の言うことをきちんと守り、全科目で標準的な成績を取れる。そんな子どもが理想とされています。

しかし、よく考えてみてください。

そんな子どもは、実際にはほとんどいません。

算数や国語は得意だけど、音楽が苦手とか、逆に算数や国語は苦手だけど、体育は得意とか、本来はバラツキや偏りがあって当然なのです。

もし、ロボットのように子どもが標準化してしまったら、どうでしょうか？　足並みがそろいすぎて、不気味ではないでしょうか？

標準化を目指すよりも、個性、つまり子どもの優れた才能に目をつけ、それを伸ばしてあげたほうが、子どものためになりますし、日本の将来のためにもなるのです。

ところが、通常の学校教育では、個性は受け入れられません。

だからこそ、**家で見つけて伸ばしてあげるのが親の役目**とも言えます。

では、自分の子どもがどんな個性（才能）を持っているか、しっかり把握できているでしょうか。

こう聞かれて、即答できる人はそれほど多くないかもしれません。

また、学校や社会では「学力」が評価されます。

「個性（才能）を探すより、まず勉強ができなければ、学校生活や将来社会に出たときに困ってしまう……」。それが親の本音だと思います。

そこで、多くの親が「とりあえず塾へ入れよう」となってしまいます。

しかし、**勉強の土台作りをするのに、必ずしも塾に行く必要はありません。**

特に成長著しい小学校低学年の間はそれほど勉強量も多くないですし、内容も高度ではないからです。

それよりも重視してほしいのは、ある習慣を身につけることです。

それは、**「集中して勉強できるようになる」ための習慣**です。

自ら集中して学ぶスキルは、全ての基本。これさえあれば、将来お子さんが勉強の道に進むにせよ、それ以外の道に進むにせよ、どんな場面でも力を発揮することができます。

私は仕事柄、東京大学の学生に多く接しますが、この習慣が身についている学生はとても多いです。

試しに東京大学の医学部生にアンケートを取ったところ、ほとんどの学生が**「勉強は帰宅後、集中して行う」**ということがわかりました。勉強は毎日決まった時間内に集中して行い、その前後の時間はクラブ活動や趣味に使っていたのです。

またこの習慣は、高校生になってからではなく、小学生のときから培《つちか》われたものであることもわかりました。

今、共働きの家庭が増えています。

子どもと接する時間も限られていることでしょう。

塾に通わせて勉強する習慣を身につけさせたい、そう思う気持ちもわかります。

コロナウイルスの影響で、自宅学習・自主学習の必要性が増えました。今後もこうした傾向は強くなっていくでしょう。

塾を否定するわけではありませんが、**塾に行かずに家で短時間集中して勉強ができるようになれば、その分の時間を、子どもの才能を伸ばすスポーツや芸術などに充て**

ることも可能です。

あるいは、様々な事情で子どもを塾に通わせることができない両親やその子どもたちにも、将来の夢や希望を与えることができると信じています。

本書では、科学的なデータをもとに、集中力や学力のアップにつながる習慣について、たくさんのヒントを紹介しています。

少しでも多くの方が、本書を通じて子育てをもっと楽しめるようになれば幸いです。

森田敏宏

第1章　低学年で鍛えよう！「集中力」のキホン習慣

第2章

一生使えるスキルになる！　学力を支える「基礎力」のキホン習慣

第3章

脳を活性化させる！食事のキホン習慣

第4章

学びの効率を上げる！睡眠のキホン習慣

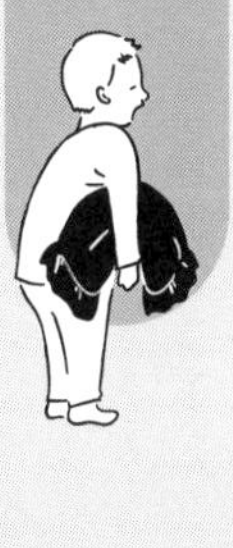

第5章 学力が2段階アップ！おうちのキホン習慣

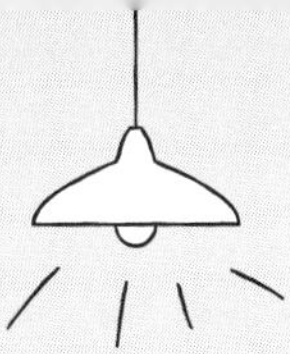

第1章

低学年で鍛えよう！「集中力」のキホン習慣

集中力のコツ

勉強の「脳内回路」ができれば、自然に集中できる

世の中には、同じ時間何かをしていても、高いパフォーマンスを発揮する子どもと、そうでない子どもがいます。この違いはいったい何なのでしょうか。

私は**「脳内回路」の働き**が大いに関係あると考えています。

「脳内回路」の働きは、人間のパフォーマンスを決めると言っても良いくらい、何かを学習する過程を理解するうえでカギとなる概念です。

私が考えた用語で、一般的に使われているものではありませんが、先ほどの疑問を解決するうえで役立つので、少し説明させてください。

脳の中では、常に微弱な電流が流れています。

何かを考えたり、体を動かしたりするとき、脳は電気信号を発します。これが伝わって、私たちは何かを考えたり、体を動かしたりできるのです。

つまり、脳というのは「無数の電気回路の集合体」と言えます。

この個々の電気回路のことを、私は「脳内回路」と呼んでいます。

この「脳内回路」を鍛えることが、子どもの学力を高めるきっかけになるのです。

たとえば、小さい子どもが、いきなり自転車をこぐことはできませんよね。

しかし、練習をくり返すにつれて、徐々に上達し、最終的にはスムーズにこげるようになります。この間、脳内では、自転車をこぐための「脳内回路」が形成され、少しずつ強固なものになっていきます（図1参照）。

自転車をこぎ始めた当初は、回路は不安定な状態です。きちんと電気が流れず、途中で切れてしまいます。それが、くり返しこぐことでだんだん安定し、電流が途切れることもなくなってきます。やがて、電流が途切れることは全くなくなり、電気の流れも強く、速くなっていくのです。

このように、自転車をこぐときには自転車用の「脳内回路」が発動しています。これ以外にも、野球をするときには野球用の「脳内回路」が、算数を解くときには算数の「脳内回路」が、それぞれ発動します。

メジャーリーガーの大谷翔平選手なら野球の「脳内回路」が、将棋の藤井聡太《ふじいそうた》棋士なら将棋の「脳内回路」が、東京大学理科三類に合格するような生徒は数学や英語の「脳内回路」が、それぞれ突出して発達しているのです。

図1　脳内回路の働きがパフォーマンスを決める

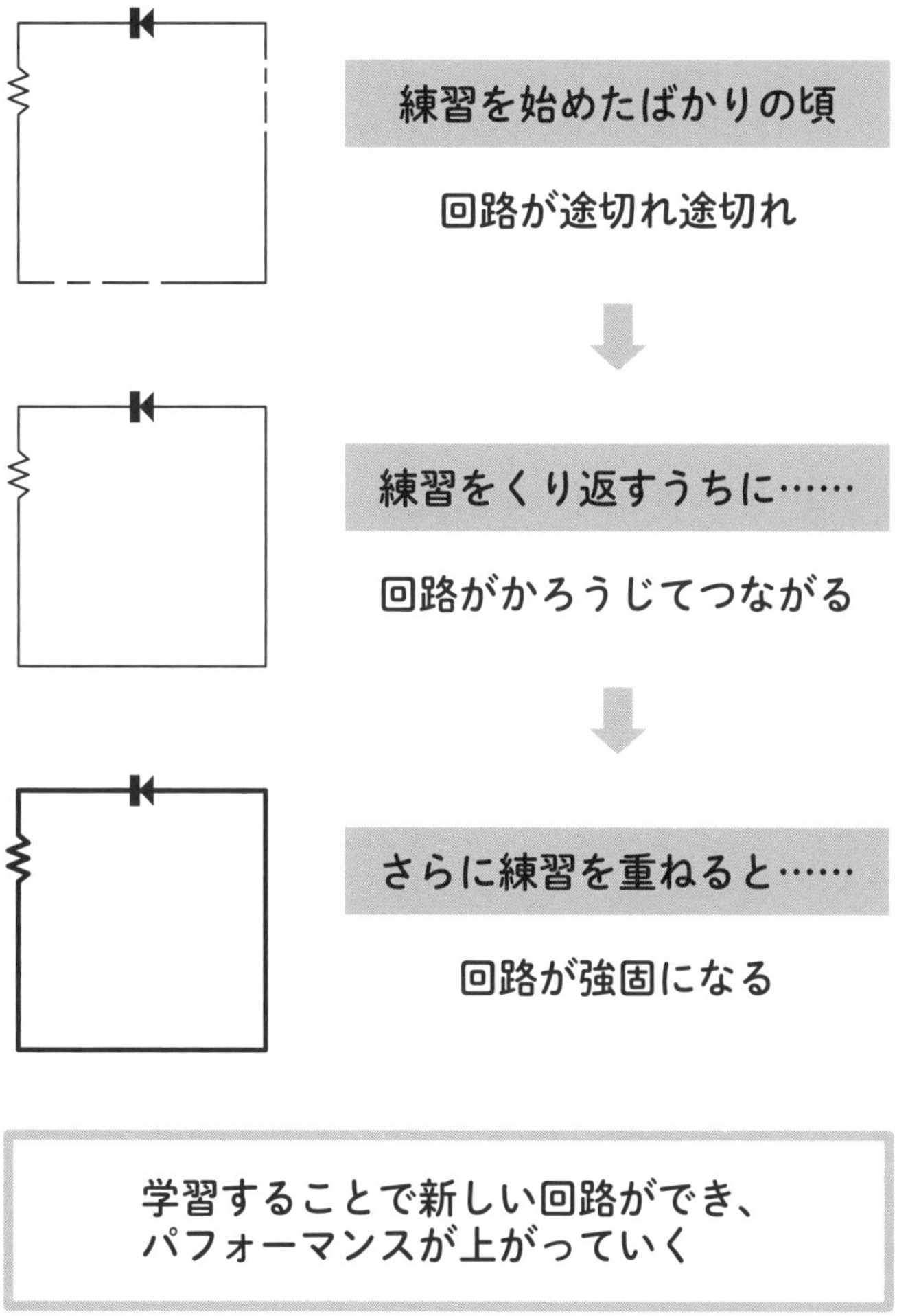
練習を始めたばかりの頃
回路が途切れ途切れ
練習をくり返すうちに……
回路がかろうじてつながる
さらに練習を重ねると……
回路が強固になる
学習することで新しい回路ができ、
パフォーマンスが上がっていく

全ての学習は、このような新しい回路づくりと言っても過言ではありません。いわゆる天才と呼ばれる人たちは、この「脳内回路」が極端に発達した人たちなのです。

この「脳内回路」のしくみを理解することで得られるメリットは無数にありますが、ここでは主なメリットとして3つ紹介しましょう。

1つ目は、**子どもが期待する結果をすぐに出せなくても焦らない、もしくは、焦りを減らすことができます**。

たとえば、「他の子は逆上がりができているのに、なぜ、うちの子はできないんだろう」などと焦る親がいます。しかし、練習する中で徐々に逆上がりの「脳内回路」ができてくれれば、いずれはできるようになるので、焦る必要はないわけです。

2つ目に、何事も「脳内回路を強化する」という視点で物事を捉えることで、**問題点が早期にわかり、上達を加速させることができます**。

逆上がりができない場合、具体的にどの部分ができていないのかを考えます。蹴り上げる力が弱いのか、腕の引きが弱いのか、それとも他に問題があるのか……そうすることで、改善すべき箇所が見えてきます。

問題点がわかれば、その回路を鍛えることに集中すれば良いわけです。


3つ目のメリットは、**子どもの個性や才能を見極めるうえで役立つ**ということです。

たとえば、小学校1年生から野球を始めた子どもが、4年生になってもキャッチボールができなかったら、どうでしょうか？　いくら「脳内回路」の形成に個人差があるとはいえ、プロ野球選手になれる可能性は低いと言えます。であれば、その子にはプロ野球の夢を託すよりも、他の才能を見出してあげたほうが良いわけです。

それがサッカーなのか、勉強なのか、音楽なのか、それとも全く違うジャンルなのか、試してみないとわかりません。いずれにしても、様々なジャンルを試す中で**得意分野を見つけ出し、その「脳内回路」を強化してあげれば良い**のです。

では、勉強が得意でない子どもは、勉強の「脳内回路」を強化しなくても良いかというと、そういうわけにはいきません。その理由は第2章で解説しますが、勉強に関する「脳内回路」は、誰もがある程度は鍛える必要があります。

子どもの頃、ピアノを習っていた人は、大人になってもピアノが弾けます。子どもの頃、野球をしていた人は、大人になっても野球ができます。

同じように、**勉強の「脳内回路」も子どものうちに作っておけば、大人になってから困ることはありません。**

小学校低学年の時期というのは、特に吸収力も高く、そのような土台作りという意味で、とても大事な時期と言えます。

集中力のコツ

勉強ができる子は「取りかかり方」が違う

「うちの子はゲームなら集中できるのに、宿題には集中できず、気が散ってしまう。なんで集中できないんだろう……」と親を悩ませる子どもがいる一方、机に向かった途端、一心不乱に集中して勉強できる子どももいます。

いったい、この違いは何なのでしょうか？

ポイントは、たった1つ。

勉強に早く取り組もうとするか、じっくり取り組もうとするか、この違いだけです。

みなさんは、どちらのタイプでしょうか？

おそらく、「じっくり派」が多いのではないでしょうか。

真面目な人ほど、勉強に限らず、あらゆる物事をじっくり丁寧にこなすことが良いことだと考えがちです。それが決して悪いわけではないのですが、**集中できる子どもは、勉強に、じっくりではなく、すばやく取りかかろうとする場合が多い**のです。

なぜ、そうなるのでしょうか。

先ほど紹介した「脳内回路」の理論で考えてみましょう。

前述したように、「脳内回路」は電気の流れです。

電気の流れは、抵抗がなければ、光の速さに近いスピードになります。

実際には抵抗があるのでずっと遅くなりますが、逆に言えば、抵抗を減らせば減らすほど、流れが速くなるとも言えます。


では、どうすれば速くなるのでしょうか？

ポイントは、**意識的にスピードを上げること**にあります。

運動を例に考えてみましょう。

小学校や中学校の体力テストで「反復横跳び」というものがありました。

この反復横跳びをゆっくり行っている状態が、勉強にじっくり取り組んでいる状態に相当します。

ゆっくり跳んでいるときなら、ほとんど無意識で動くことができます。その分、他のことを考える余裕もありますね。「お腹空いたな。おやつ何食べようかな？」といった具合に雑念が湧いてきます。

いわば、気が散っている状況です。

一方、すばやく反復横跳びをしている状態が、集中して勉強している状態に相当します。

ある動作をすばやくくり返しているときは、余分なことを考える余裕はありません。

いかにすばやく正確に動くか、そのことに集中しなければならないからです。


勉強も全く同じです。

「脳内回路」が高速で回転しているときは、他のことを考える余裕はなくなります。

目の前の勉強だけに集中しているからです。

これを日々実践していれば、「脳内回路」の流れはだんだん速くなります。

しかし、じっくり取り組んでいても、速度はあまり変わりません。それどころか、

「ゆっくり勉強して、途中で気が散る」というのが習慣化してしまうのです。

それに対して、**勉強ができる子どもは、勉強をすばやく集中してこなす習慣が定着**

しています。

勉強をじっくりやるのではなく、すばやく集中してこなす。

勉強ができる子どもに育てたいのであれば、このことをまずは意識しましょう。

集中力のコツ

「環境」を変えるだけで「学力」は変わる

集中している子どもは「脳内回路」の回転が速いと、先ほどお伝えしました。

では、どうすれば「脳内回路」の回転を速くし、勉強を集中してこなせるようになるのでしょうか。

それをお伝えする前に、脳内のメカニズムについてお話ししましょう。

「脳内回路」の電気の流れが速いとき、脳の中では「脳内ホルモン」が分泌されています。

この脳内ホルモンは、体を動かすときに分泌される「ドーパミン」や「アドレナリン」といったホルモンと同じです。ドーパミンやアドレナリンは、ご存知のとおり、運動をして脈が速くなったり、血圧が上がったりするときに分泌されます。

これらの分泌が増えると、神経の中を流れる電流の速度が上がり、たくさんの電気が筋肉に流れます。その結果、筋肉が強く収縮して強い力を発揮できるのです。

こうした体の反応と脳内のホルモンの反応は、実は同じです。

やる気や集中力が高まっているときには、このドーパミンやアドレナリンといったホルモンの分泌が適度に増えます。すると、「脳内回路」を流れる電流の速度も速くなり、集中力も高まると理解してください。

つまり、**「脳内回路」を加速させるためには、脳内ホルモンを増やす必要がある**のです。

では、脳内ホルモンを増やすにはどうすれば良いでしょうか？

それには、２つの条件をそろえることが必要です（図２参照）。

たとえば、子どもは他の子どもたちとかけっこをするとき、全力で走ると思います。50ｍ先のゴールに、誰よりも速くたどり着こうとします。

では、なぜ全力を出せるのでしょうか。

それは、**ゴール（目標）が設定できている、そして、目標を達成したときの喜びがイメージできる。そういう条件がそろっているから**です。

図2　子どもがやる気を出す２つの条件

1　ゴール（目標）が設定できている

2　目標を達成したときの喜びがイメージできる

↓

勉強でも、同じような環境を作り出せれば子どものやる気と集中力は引き出せる！

子どもは、この2つの条件がそろってはじめて、全力を出すのです。

勉強でも、この状況と同じような環境を作り出すことができれば、子どものやる気と集中力を引き出せるということなのです。

集中力のコツ

長時間続く理由は「時間」の使い方にある

子どもが勉強に集中する習慣を身につけるためには、どうすれば良いでしょうか？

これを考えるうえで、読者のみなさんに1つ質問があります。

勉強をスポーツにたとえるとしたら、短距離走とマラソンのような長距離走、どちらだと思いますか。

長時間取り組む必要があるから、当然マラソンだ。そう考える人が多いと思います。

ところが、意外なことに、正解は短距離走なのです。


たとえば、算数の計算問題について考えてみましょう。

計算問題が10題並んでいるとします。1題目と2題目は、何の関連もありません。

参考書や問題集では、編集の都合上、同じ分野の問題が並んでいますが、テストで出てくる計算問題は、順番に並んでいたとしても、それぞれ独立した問題です。

それらの問題を全力で解く作業は、短距離走、特に短いダッシュをくり返しているようなもの。そうした短い集中がつながった結果が、長時間の学習になるのです。

ですから、まずは**「短い時間で良いので集中する」**。

この習慣をつけることが大切です。

小学校低学年であれば、それほど長時間の学習は必要ありません。**学校の宿題をやるにしても、夜遅くなってからダラダラやるのではなく、学校から帰って真っ先に取りかかるようにすると良い**でしょう。

「宿題が終わったら遊びに行ける」というゴール設定にしておけば、ゴールに向かって全力疾走するように、高い集中力を発揮して勉強できるはずです。

最初は短時間で良いので、高い集中力を保って勉強する習慣をつけられるように工夫をしましょう。具体的な集中法は、第5章で解説します。

集中力のコツ

勉強よりも運動が「集中脳」を作る

かつて、勉強ができる人は運動が苦手、逆に運動が得意な人は勉強ができない、などと言われていました。

しかし近年、この定説は完全に覆《くつがえ》されました。

今では、**運動が脳を活性化する**ということが定説になっています。

小学校低学年のうちは、最低限の勉強だけしたら、あとは思い切り遊んだほうが良いと考えられています。

実際、東京大学の医学部生の中にも、クラブ活動と勉強を両立していた文武両道の人が多いようです。

以前、京都大学名誉教授で脳科学の権威である久保田《くぼた》競《きそう》先生にご講演をお願いしたことがあります。久保田先生は運動と脳の関係についても多くの研究をされており、ご自身もジョギングを日課とし、マラソン大会にも出場されています。講演当日も、スーツ姿にランニングシューズ、鞄はリュックサックという出で立ちでした。理由を伺うと、近くのビジネスホテルに滞在され、そこから走って会場にいらしたそうです。

久保田先生に、子どもの勉強について質問したところ、「子どものうちは勉強なんかするより走ったほうが良い！」とおっしゃっていました。

私もこの意見に全く同感です。

今になって振り返ると、子どもの頃の私は運動ばかりしていました。

友達と草野球をよくやっていた他、小学校４年生のときには水泳の選手に抜擢。夏休みは毎日、水泳の練習のために学校に行くという生活が、６年生まで続きました。

その他にも、陸上競技やバスケットボールなど、色々なスポーツをしました。中学校では野球部に在籍し、朝は授業の前に練習、放課後も日が暮れるまで練習という日々でした。

今になってみれば、これらの運動が、脳にプラスの影響を与えていたようです（特に全然泳いだことのなかった私の才能を見出して、水泳部に入れてくれた担任の先生にはとても感謝しています）。

脳と運動の関係については数多くの研究が行われていますが、その大半で、「運動は脳に良い」という結果が出ています（図3参照）。

これは大人だけでなく、小学生を対象にした研究でも同様です。ほとんどの研究で、運動が脳機能を改善するという結果が出ています（後の章で詳しく解説します）。

なぜ運動が脳に良いのか、それぞれの関係はかなり複雑なので、簡単には解き明かせません。ブラックボックスと言えます。しかし、これだけ多くのエビデンスがあることを考えると、子どもには積極的に運動をさせたほうが良いと考えて間違いないでしょう。


では、具体的にどのような運動をすれば良いのでしょうか。

これについては、次項でお伝えしていきます。

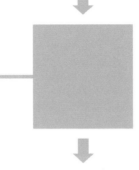

図３　脳と運動の関係性

運動する

↓

↓

脳機能が改善

理由は解明されていないが、
ほとんどの研究で
運動が脳機能を改善する
という結果に！

子どもが低学年の時期から積極的に運動させたほうが、大人になったとき、プラスに働く

集中力のコツ

「持久力」アップが脳を育てる

運動が脳に良いということは、ほぼ定説になっていることをお話しました。
では、それを前提として、どんな運動をしたら良いのでしょうか?

その前に、運動をするときの2つのポイントについて説明させてください。
1つは、**「持久力をつけること」**。
もう1つは、**「様々な脳内回路を鍛えられること」**です。

まず、持久力について考えてみましょう。
私の経験上、持久力、つまり体力がないけれど頭が良い、という人は少ないように思います。またその裏付けとして、持久力があるほうが、脳機能が優れているという研究結果も多数出ています。

では、なぜ持久力と脳機能が関連するのでしょうか。
これも前述した「脳と運動の関係」と同様、大きなブラックボックスです。

しかし、2つほど考えられる理由があるとしたら、1つは、運動が脳に与える刺激です。

持久力をつける運動の代表格であるジョギングについて考えてみましょう。

意外かもしれませんが、走っているときは、脳が目まぐるしく働いています。

アスファルトやコンクリートの上を走るときも、土の上を走るときも、完璧にフラットな道はほとんどありません。

歩道などを実際に走ってみるとわかりますが、予想以上にデコボコしています。

その上で巧《たく》みにバランスを取りながら走るために、脳というセンサーは絶えず働いているのです。高齢者になると、このデコボコをうまくよけられなくなり、つまずきやすくなってしまいます。

このようにジョギング以外にも、巧みにバランスを取り続ける動きを知らず知らずのうちに行うことで、脳が活性化していくと考えられます。

もう1つは、持久力と関連した**「ミトコンドリア」**の存在です。ミトコンドリアは細胞の中に存在する小器官で、酸素を取り込んでエネルギーを生み出す役割を担っています。

持久力は、専門的には「酸素摂取能力」と呼びます。筋肉に酸素を取り込む力が強いほど、持久力が高いことになります。そして酸素をたくさん取り込むためには、良質なミトコンドリアがたくさん必要なのです。

つまり、**筋肉内に良質なミトコンドリアがたくさんあればあるほど、持久力が高い**ということになります。そして、この**ミトコンドリアを増やすには、有酸素運動が適している**のです。

実はこのミトコンドリアは、筋肉だけでなく、脳にも存在しています。

運動すると、脳のミトコンドリアにも影響することが動物実験でわかっています。生きている人間の脳細胞を取り出すことはできないため、直接調べることはできませんが、おそらく有酸素運動をすることが、脳細胞にも良い影響を与えているだろうと推測できるわけです。

有酸素運動は、長時間継続して行う運動ですから、ジョギングはもちろん、陸上競技、水泳、球技などたいていの運動が当てはまります。

極端なことを言えば、体を動かすものなら何でも良いとも言えます。**特に子どものうちは、活発に動いたほうが脳の発育にも良い**。そう覚えておきましょう。

集中力のコツ

色々な「運動」を取り入れる

脳の発育を考えるうえでは、子どもの頃から活発に動いたほうが好ましいとお伝えしました。活発に動くことによって、子どものうちに、様々な「脳内回路」を形成することができます。

たとえば、野球と卓球では、体の使い方がかなり異なります。

野球では、ボールを思い切り投げたり、バットを思い切り振りますが、卓球では、小さいラケットを左右に振り回すなど、動きが全く異なります。つまり、野球に必要な「脳内回路」と卓球の「脳内回路」が違うことが容易《ようい》に想像できます。

ということは、20歳になるまで卓球しかやっていなかった人が、急に野球で活躍しようとしても難しいわけです。

先ほど、子どものうちに「自転車の脳内回路」を作っておけば、大人になってからも自転車に乗れるという話をしました。同じように、様々なスポーツの「脳内回路」を早い段階で作っておくことは、メリットが多いのです。

子どもの頃、野球とサッカーを両方やっていた人は、大人になってもそれなりに上手にプレーができます。全く未経験の人と比べれば、遥かに上達が早いはずです。
また、動きの似ているスポーツにも応用できます。

たとえば子どもの頃、野球とバスケット、両方経験した人が大学に入学して、体育の授業でハンドボールを選択するとしましょう。この場合、過去の経験がとても活きるはずです。

ハンドボールで使用するボールはバスケットボールに比べると小さいので、しっかりつかんで投げることができます。ここでまず、野球の投げ方をそのまま活かせます。また、ドリブルはバスケットボールと同じようにすれば良いので、バスケットボールのやり方が活かせます。すでに「脳内回路」ができているので、スムーズにできるわけです。

しかもハンドボールは、ボールを持った状態で歩ける歩数がバスケットボールより多いので、バスケットボール経験者からすると、とてもやりやすいと言えます。

こうして、野球とバスケットボールの「脳内回路」を応用することで結果を出しやすくなります。事実、私も野球とバスケットボールを経験していましたので、大学からハンドボールを始めましたが、何度もシュートを決めて活躍することができました。

このように、**複数のスポーツの「脳内回路」を作っておくと、後々スポーツをする際メリットとなります**。

しかし一番のメリットはやはり、**子どもの脳に様々な刺激を与え、発育を促すことにある**でしょう。

そういった意味でも、低学年のうちは、〝必要最低限の勉強〟さえ行えば、あとはどんどん遊んだほうが良いというのは真理だと思います。

第１章のまとめ

★勉強やスポーツは、練習をくり返すことで「脳内回路」を強化しよう

★学習は「すばやく」取りかかろう

★目標を決めて「目標を達成してうれしい！」というイメージを作ろう

★脳の発達のために、勉強２割、運動８割で取り組もう

★有酸素運動を中心に、様々なスポーツに挑戦しよう

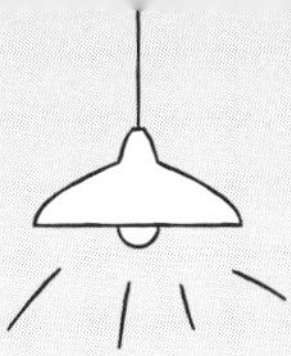

第2章

一生使えるスキルになる！
学力を支える
「基礎力」のキホン習慣

読む力・書く力のコツ

「読み書き」の習慣は早めに作る

大人になって仕事や生活をするうえで、欠かせない3つの力があります。

それは、**読む力、書く力、そして計算力**です。

よく「読み書き算盤」と言いますが、この力がないと、社会人になったとき、自分の力で生きていけない可能性が高まります。そういう意味では、**「一生モノの力」**と言っても過言ではないでしょう。

低学年のうちから、しかも、なるべく早い段階から鍛えておくべき力と考えています。

では、どうすれば3つの力を鍛えられるのでしょうか。

ここではまず、読む力、書く力について考えてみましょう。

若者の活字離れが叫ばれて久しいですが、2019年の大学生協の調査では、全く読書をしない大学生の割合が49・1%にのぼったそうです(図4―1参照)。これは、大学生のおよそ半数が、全く本を読んでいないということになります。

では、若者の活字離れがどんどん進んでいるのかというと、ここには1つ見落としているポイントがあります。

実は、読書しない若者の増加＝活字離れと考えるのは早計です。読書の定義も多様化し（図4―2参照）、むしろ現代の若者は、文字によるやりとりが歴史上最も多いのではないかと私は考えています。

その原因は、ＳＮＳの普及にあります。

インターネットの普及に伴い、電子メールでのやりとりが増えました。ブログの他、Twitter や Facebook、そしてＬＩＮＥが登場しました。メールよりも手軽に情報発信できるという観点から、今ではＬＩＮＥでやりとりする機会も増えています。

これら全てに共通しているのは、「文字による情報のやりとり」です。

1日を通して、電子メールやＬＩＮＥの文章を読んだり返信したりしていると、実は膨大な量の文章を読み書きしていることになります。

ですから、まとまった本こそ読んではいないものの、決して活字から離れているわ

図4-1　1日の読書時間分布

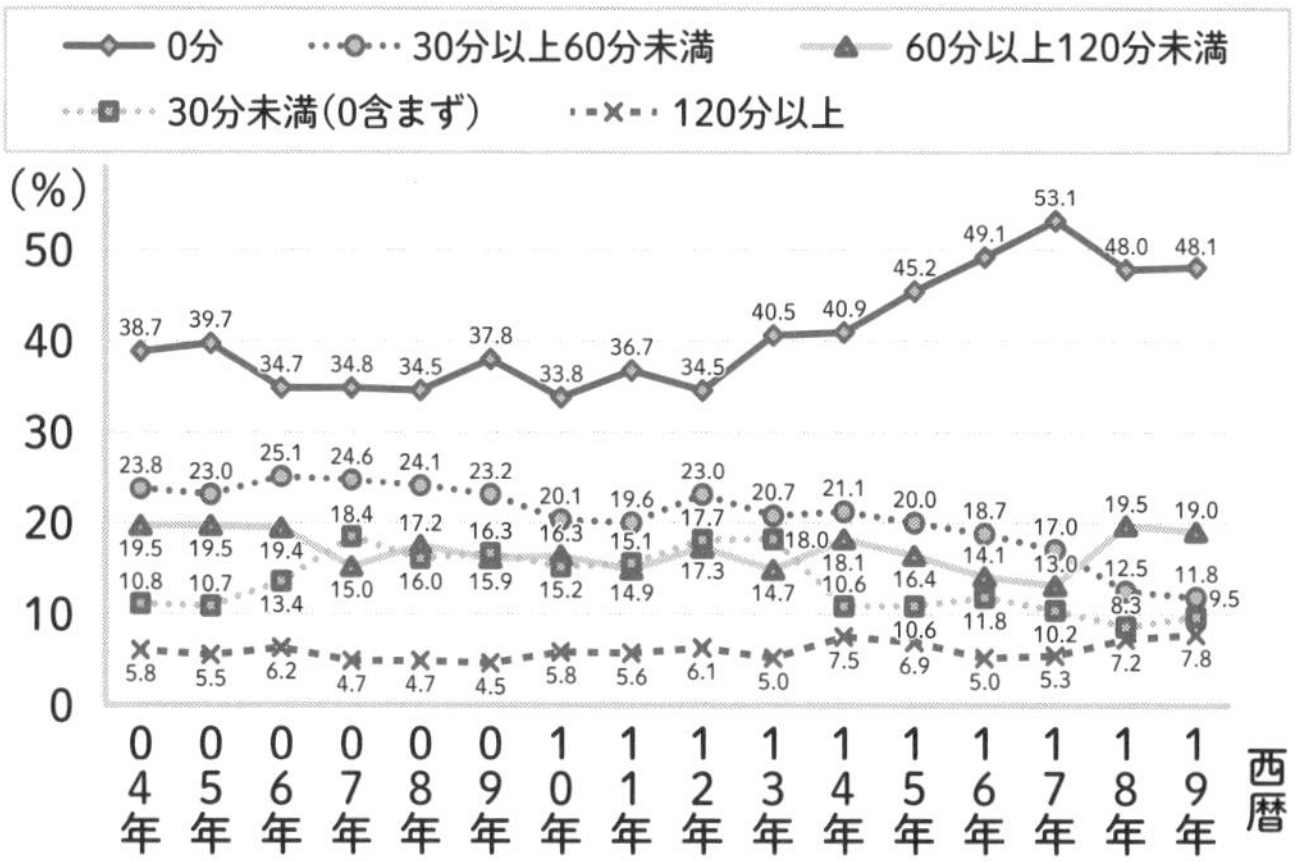

図4-2　読書だと思うもの

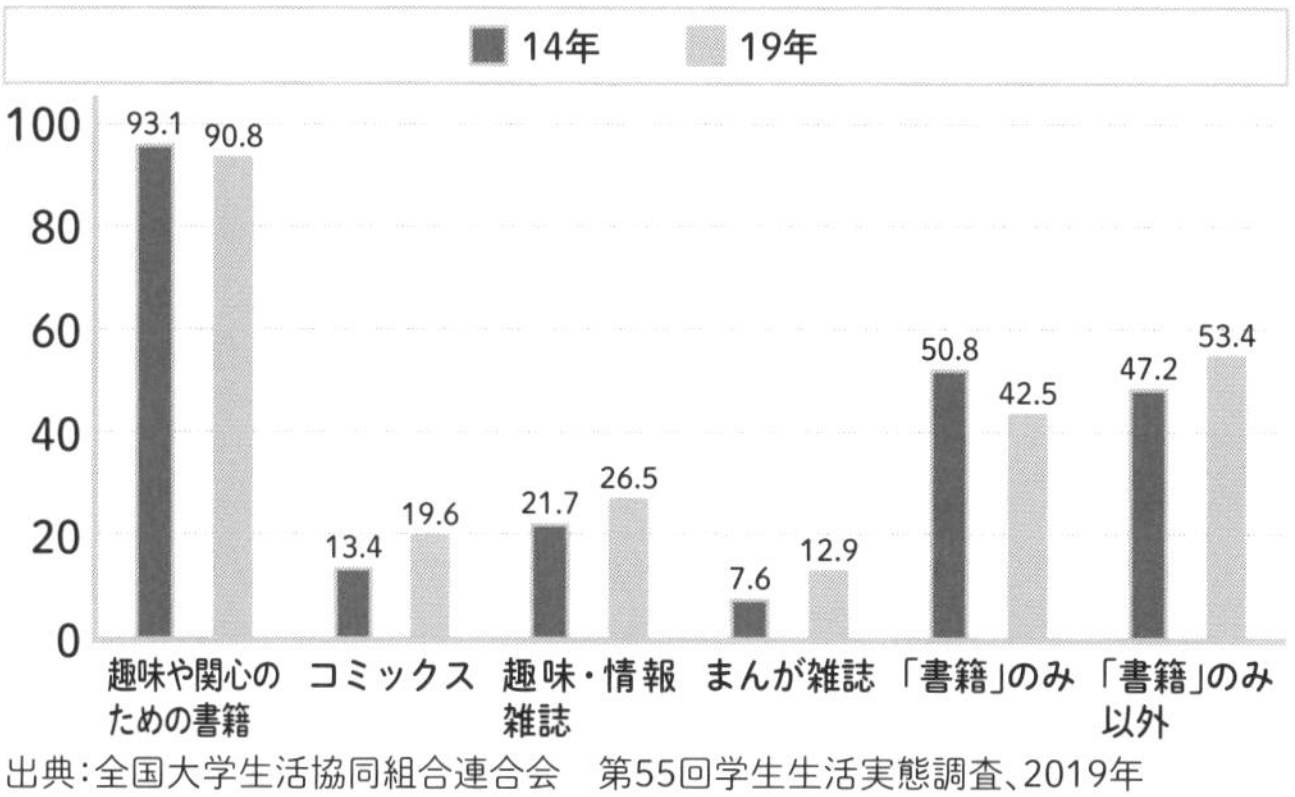

出典：全国大学生活協同組合連合会　第55回学生生活実態調査、2019年

けではないのです。

このように、**文字による情報のやりとりが格段に増えている今だからこそ、読む力、そして書く力は極めて重要**と言えます。

電子メールは、ビジネスでの用途が主流になっていますので、ある程度きちんとした文章、論理的に問題のない文章を書くことが求められます。逆に、相手が送ってきたメールに対しては、的確にその意図を読み解く力が必要になります。

LINEのように短い文章のやりとりだと、あまり「読む力」や「書く力」は関係ないと思いがちですが、そんなことはありません。短い文章で簡潔に自分の言いたいことを伝え、相手の言いたいことを正確に捉える必要があります。

数年前、私が経営している加圧トレーニングジムのスタッフを募集しました。

40名近い応募がありましたが、メールを読んだ段階でアウト、つまり「不採用」という人が、なんと半数近くいました。志望動機などを読んだ段階で、「この文章では、きちんとした仕事ができるとは思えない」と判断したわけです。残念なことに、自分の就職のためのメールですら、きちんと書けない人が大勢いるのが現実なのです。そうならないためにも、小さいうちから、読み書きの力をしっかりつけておく必要があると言えます。

では、子どもが将来困ることがないよう、「読む力」と「書く力」をつけるためには、どうすれば良いのでしょうか？

まず、文字を覚えることです。ひらがな、かたかなは覚えたという前提で、次は漢字をどんどん覚えると良いでしょう。

特別難しいことをする必要はありません。

漢字ドリルなどを、毎日短時間で良いので解くようにします。

くり返し書くことで漢字の「脳内回路」ができ、自然と頭に入っていきます。
これによって、漢字を「読む力」だけでなく、「書く力」も培われていきます。

私が東京大学の医学部生に行ったアンケートでは、約3分の1の学生が、小学校低学年から公文式《くもん》に通い、算数と国語の問題を解いていました。

「はじめに」でもお伝えしたとおり、本書は「塾に行かなくても勉強ができるようになる」という前提で話を展開していますが、それは、「塾に行けない子どもでも勉強ができるように」との想いからです。絶対通っては行けないわけではありませんので、柔軟に考えてください。

公文式などの塾に通わず、自宅で学習する場合も、学年の枠にとらわれず、どんどん漢字学習を進めていったほうが良いと思います。早い段階から漢字の「脳内回路」を作っておいて、デメリットは特にないからです。

それから、**実際に文章を読むことも大切**です。

これも、特に内容にこだわる必要はありません。名作や難しい本でなくても良いのです。

最初は子どもが好きな本、興味のある本をどんどん読ませることをおすすめします。「歴史の勉強になる」という観点からすれば、歴史マンガも良いでしょう。

先ほど、SNSを通じて活字に触れる機会が増えているという話をしました。

ただ、SNSやネットの文章だけでは、読む力は十分に養えません。その理由は60ページで説明しますが、**読む力を伸ばすためには、ある程度まとまった量の文章を読む必要がある**からです。

そのためには、やはり読書が大事です。ジャンルは何でもかまいません。

子どもが興味を持つ本なら、脳内で「やる気のホルモン」が分泌されます。そして、読書の「脳内回路」も加速していきます。

興味のある本を読む→脳内でやる気のホルモンが出る→読書の「脳内回路」が確立する。これをくり返すことで、「読書＝楽しい」というイメージが形成され、本を読む速度も自然と速くなっていきます。

読む力のコツ

「スピード」と「記憶力」が読解力を底上げする

先ほど、今の大学生や若い人たちはSNSを通じて活字に触れているという話をしましたが、当然、それだけで国語力が身につくわけではありません。

読解力を身につけるためには、ある程度まとまった文章を読む必要があります。なおかつ読む速度も、ある程度速くなったほうが好ましいのです。

そこには、「ワーキングメモリー」という脳の機能が関係してきます。

ワーキングメモリーとは、脳が短期間に情報を記憶し、さらにそれらの情報を処理する能力を指します。

たとえば、料理の献立を考えるとしましょう。

「今日はA、B、Cという材料がある。これを使ってDという料理を作ろう」と頭の中で考えますすね。

このとき、脳はA、B、Cという材料を覚えています。そして、それをどう使うか考えて答えを出すわけです。

このように、料理の食材のような短期的な記憶と、その情報を処理する能力がワーキングメモリーです。

この能力によって、私たちは色々な段取りを考えます。

しかし、脳は短期記憶が苦手です。

短期間に覚えていられる項目は、7つ前後と言われています。

ですから、7つ以上の材料を覚えようとすると、「A、B、C、D、E、F、G、Hという材料を使って……えっと、最初の材料って何だっけ?」といった具合に、考えている端から忘れてしまいかねないのです。

同じようなことが、文章の読解でも起こります。

「AはBである。BはCである。よってAはCである」といった短い文章ならほとんどの人は理解できますが、「AはBである。BはCである。CはDである。DはEである。EはFである。FはGではなく、Hである。Hは……」などと長い文章になると、「あれ? もともと何の話だっけ?」といった具合に、読んだ端から話を忘れてしまうのです。

そうならないためには、読みながら内容をしっかりと理解・記憶し、全体の構成を把握できるように訓練する必要があります。


しかし、言うのは簡単ですが、実行するのはなかなか難しいものです。

時間が経てば経つほど、人は覚えたことを忘れやすくなります。

読む速度が遅いと、全部読み終わる前に端から忘れてしまう可能性があるわけです。

記憶力・理解力が同じであるなら、**最初の項目を忘れてしまわないように、ある程度の速度で読めたほうが良い**と言えます。

とは言っても、1分間に何十ページも読むような速読レベルのスピードが必要なわけではありません。たくさん本を読んでいれば自然に速くなりますから、神経質にならなくて良いでしょう。

こうして脳のしくみを理解したうえで読解力の鍛え方を考えると、どんな方法が良いのか、答えは自然に見えてくると思います。

まずは、どんな難易度の本でも良いので、なるべくたくさん本を読むこと。

そして、**子どもが読み終わったら、「どんなことが書いてあったの？」と聞いてあげるようにしましょう**。子どもにとって、この問いかけに答えようとすることが、本の内容や構成を思い出す訓練になります。

うまく答えられなくても叱らないでください。**色々な本を読むたびに、この問いかけをくり返すことによって、子どものワーキングメモリーを鍛え、徐々に読解力を向上させることができる**のです。

読む力のコツ

スマホで読書はおすすめしない

今やインターネットに接続できれば、いつでもどこでも情報にアクセスできるようになりました。スマートフォン（以下、スマホ）が進歩したおかげで、パソコンすら必要ない状況になりつつあります。

これからの人たちは、ＩＴ機器を使いこなして、すばやく情報を処理する能力が必要不可欠なのは間違いないでしょう。

それなら、子どものうちからスマホに慣れ親しんだほうが良いかというと、そうではありません。

スマホには、便利な面もたくさんありますが、デメリットも多いのです。

東北大学脳科学センターの川島《かわしま》隆太《りゅうた》教授らの研究によると、**「スマホを使う時間が長い生徒は成績が悪い」**という結果が出ています（図5―1参照）。

しかも、図5―2にもあるように、**「1日4時間以上スマホを使っている生徒は、たとえ1日2時間以上勉強していても成績が悪い」**というショッキングな結果が出ているのです。

図5-1　平日のスマホ使用時間ごとに見た全教科の平均点

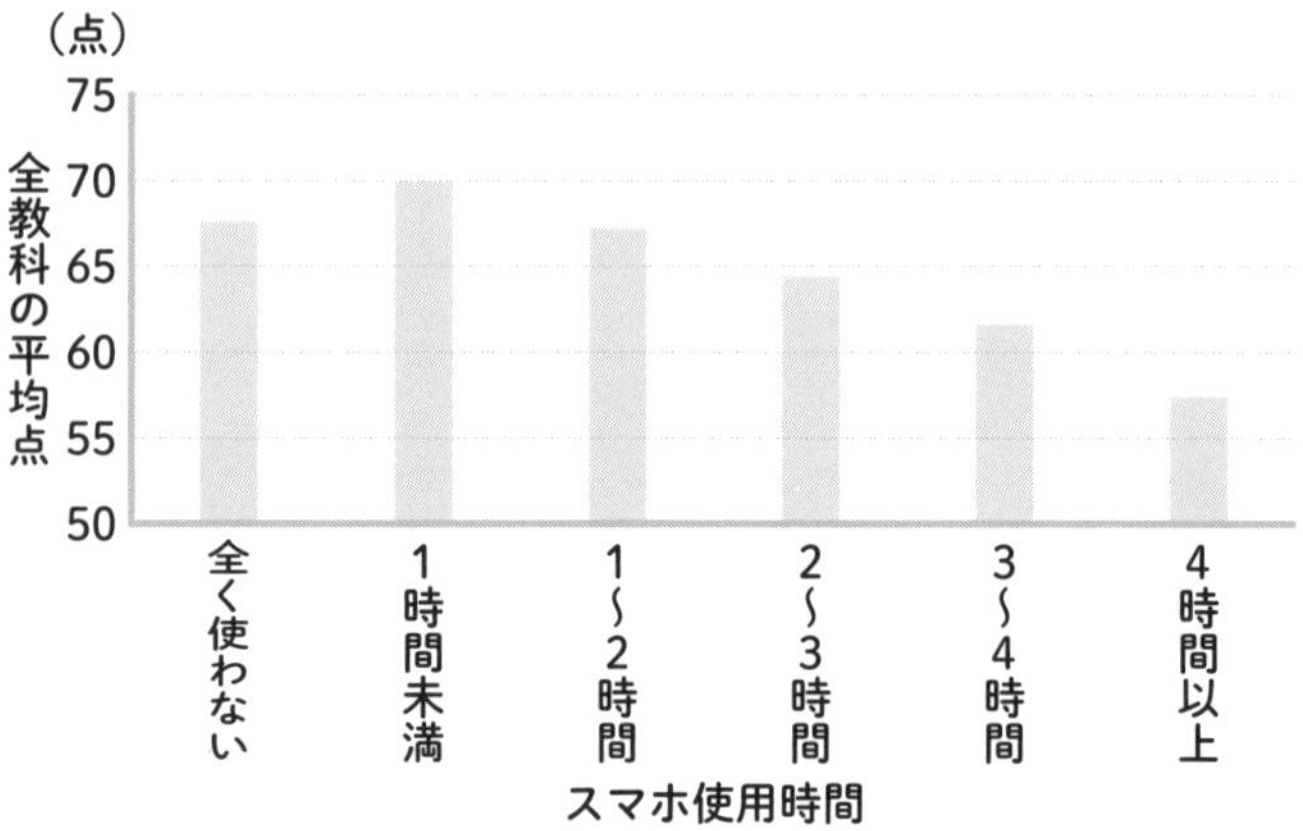

図5-2　平日のスマホ使用時間と成績の関係

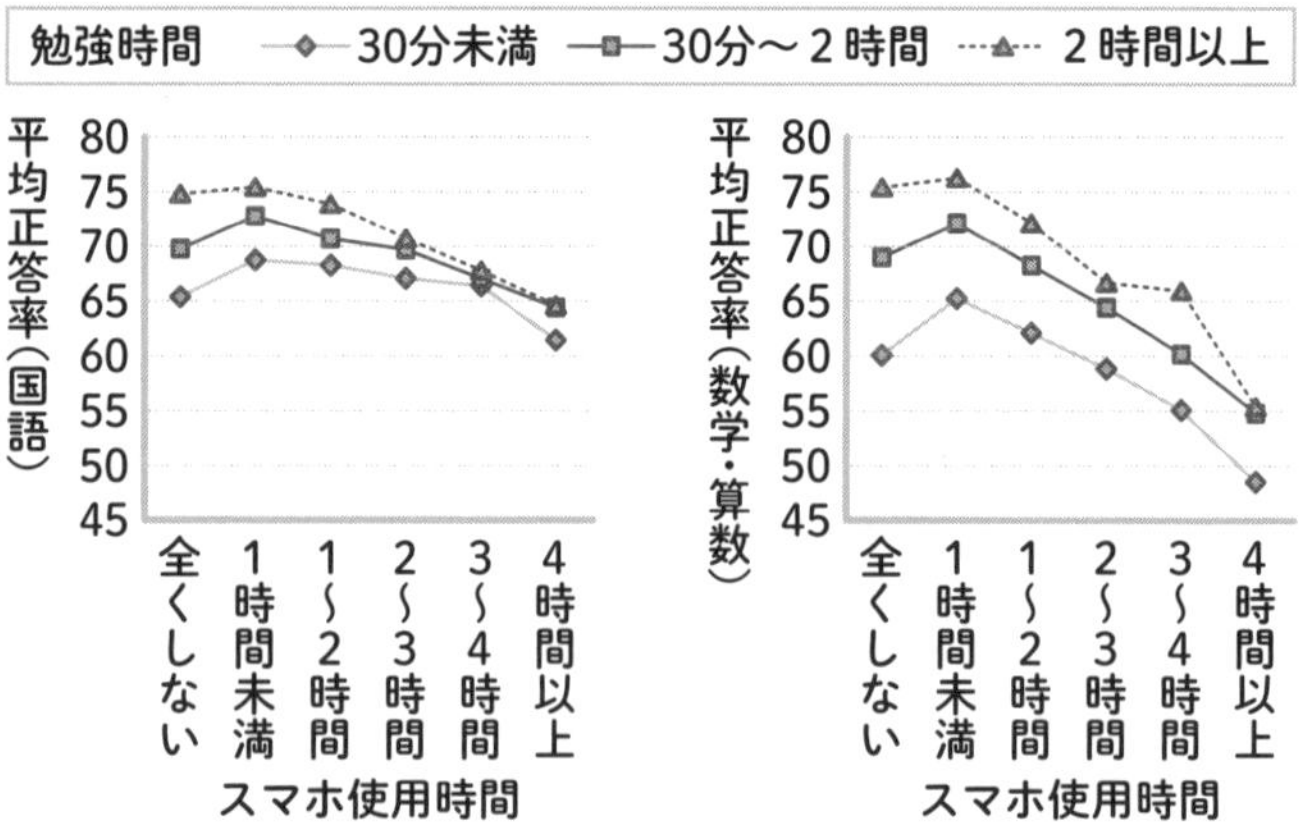

この原因としては、やはり**集中力の低下**が考えられます。

毎日長時間スマホを使っている子どもは、勉強しているときもスマホのことが気になってしまい、集中力が低下している状態になるのでしょう。そのため、2時間机に向かっても効果的な勉強ができていないと考えられます。


今や、小学生でもスマホを持つ時代ですが、このような弊害を考えると、**スマホを持たせる時期はなるべく先送りしたほうが良い**でしょう。

スマホには様々なアプリもあり、誘惑がいっぱいです。集中力を養う観点からも、本を読むときは電子書籍ではなく、**紙の本に限定したほうが良い**と考えられます。読書をするときは、スマホやゲーム機を遠くに置くようにするのも一つの方法です。

子どもが興味を持つジャンルの紙の本を与え、本を読むときはそれだけに集中する。そんな習慣を小さいうちに形成することが重要です。

書く力のコツ

「インプット→アウトプット」の2ステップで鍛える

55ページで述べたように、きちんとした文章を書けない社会人が増えています。子どもの頃に文章を書く訓練をしていない人が大人になってから文章を書こうとしても、かなりの時間がかかります。文章を書くための「脳内回路」ができていないからです。

そうならないためにも、子どものうちから書く力を養っておく必要があります。

文章を書けるようになるには、2段階のステップが必要になります。

第1段階はインプット。つまり、多くの文章を「読む」こと。

第2段階は、アウトプット。つまり、文章を「書く」ことです。

文章を書けない人は、学校教育の段階で、こうした訓練を十分にしてこなかったことが影響していると考えられます。

読むことと書くことは表裏一体です。

書くことによって、文章の流れや構成に関する理解が深まり、読むことにも好影響を及ぼします。**「読む、書く、読む、書く」をくり返すことで、「脳内回路」がより強固になり、読む力と書く力が相互に高まるという、好循環に入ることができる**のです。

では、小学校低学年の段階で、どのような練習をするのが良いのでしょうか？

この段階では、まだ小論文などが書けるレベルではありませんので、**毎日簡単な日記を書くのが良い**でしょう。

その日起こった出来事や経験したことを1つ選んで、それをテーマに書いてみます。

たとえば、遠足に行ったとしたら、「今日は遠足に行きました」といった書き出しで始めます。

次に、遠足の内容を詳しく表現します。

どこに行ってどのような体験をしたか、そして、その体験を通じて何を感じたかを書き進めます。シンプルに「楽しかった」などでも良いでしょう。

最後にまとめを書きましょう。「とても楽しかったので、またみんなで行きたい」とか、「とても楽しかったので、今度は家族で行きたい」といった感じで十分です。

中には心を震わせるような作文を書ける子どももいます。それに触発されて、無理に難しい言葉を使わせようとしたり、比較して落ち込んだりする必要は一切ありません。

第1章でもお伝えしたように、練習をくり返せば「脳内回路」ができ、徐々に書けるようになっていきます。

まずは少しずつでも良いので、毎日アウトプットを続ける習慣をつけていきましょう。

考える力のコツ

「大人の質問」で考える機会を作る

社会に出たとき、論理的思考は必須の能力です。

論理的思考とは、物事を体系的に整理し、矛盾や飛躍のない筋道を立てる思考法です。「ロジカルシンキング」とも呼ばれ、特に問題の解決策を考える場面で力を発揮します。

しかし、**暗記一辺倒の勉強では、この論理的思考の力を養うことはできません**。

少子化で親が干渉しすぎるせいか、自分で考えて行動できない若者が増えているように思います。子どもの頃から、親が「こうしなさい」「ああしなさい」と、いちいち指示を出していると、自分で考える習慣がなくなってしまうのでしょう。

実は、子どもの頃から論理的思考力を身につけられる、とても簡単な方法があります。

それは、**「質問」**を投げかけることです。

たとえば、息子がまだ小さかった頃、私は折に触れて質問していました。

コンビニに一緒に行ったときなどに、「コンビニの店員さんの名札を見た？　ひらがなで名前が書いてあったよね。どうしてなんだろうね？」といった具合です。

最近のコンビニの店員には外国人が多いので、諸々の混乱を避けるために名前をひらがなで書いてあります。そのことを意識するだけで、外国人の店員が多いことに気づいたり、なぜ外国人が多いのかと考えたりします。

こうして、たった1つの質問をするだけで、子どもの思考回路は一気に稼働し始めるのです。


他にも、次のような質問をしたこともあります。

私の自宅の近所に、昔ながらの八百屋があります。その2軒隣にある日、大手の小売店がオープンしました。

言葉は悪いですが、いきなりの殴り込みといった感じです。

私は、お客さんを奪われた八百屋はすぐにつぶれてしまうのではないかと思いました。

そこで、「この八百屋さんどうなるだろうね。すぐにつぶれちゃうかな？」と息子に質問しました。すると息子は「そんなことないと思うよ」と答え、自分なりに何かを考えているようでした。

たったこれだけの質問で、ビジネスとはどういうものか、お客さんの流れとはどういうものかなど、子どもなりに考えるようになります。

これは、息子が中学生のときにした質問なのでやや高度ですが、小学校低学年であれば、「空はなんで青いんだろうね？」とか、「飛行機はどうして空を飛べるんだろうね？」などといった、より身近な質問でも良いでしょう。

逆に、子どもから聞かれることもあると思いますが、**うまくとりつくろったり、ごまかそうとしたりする必要はありません。わからないときは素直に「わからないから一緒に考えよう」と言って、一緒に考えれば良い**のです。

質問を使って子どもの思考回路を起動させることをうまく習慣化しましょう。

計算力のコツ

とにかく「速く」「正しく」を「くり返す」

この章の始めに、生きていくうえで欠かせない3つの力があるとお伝えしました。

ここで、3つ目の「計算力」についてお話ししましょう。

中学、高校へと進んだときに数学で好成績を取るためには、早い段階から計算力を高めておいたほうが有利です。

学校で行う通常のテストはもちろん、中学受験、高校受験、大学受験など、全ての試験には制限時間があります。

その限られた時間をうまく使って速く正確に正解を導き出すことができれば、試験終了間際になって焦らなくても済むからです。

この高速の計算を可能にする「脳内回路」は、まだ脳が発達途上にある子どものうちから鍛えたほうがベターです。脳の回転速度は、訓練次第で速くなるからです。

私の後輩で筑波大学附属駒場高校から東京大学理科三類に現役合格した石橋くんは、センター試験の数学を、わずか15分で解いたそうです。試験時間は60分ですから、実に4分の1の時間です。にわかには信じがたいスピードですが、彼の話によると「頭の中で勝手に計算が進んでいく」、そんなイメージだそうです。

まさに計算の「脳内回路」が光速の域に達していることを表しています。

そこで彼が小学生時代、どのような勉強をしていたかインタビューしたところ、小学校2年生から4年生まで、そろばんを習っていたことがわかりました。そろばんのおかげで計算力がついたのはもちろんのこと、頭の回転が速くなった気がすると言っています。


そろばん以外は基本的に遊んでいたようですが、この時期色んな遊びをしたことが、後に発想力にも活きたと話していました。

そろばんは、習い始めの頃は道具を用いて計算しますが、上級者になると、道具そのものがいらなくなります。頭の中に盤がイメージできるようになるからです。

道具を使っていると、指を動かす速度がボトルネックになりますが、脳内空間では、それがありません。ですから、「脳内回路」が一気に加速するのです。

石橋くんは、そろばんを通じて、計算の高速「脳内回路」を獲得しました。

その後、中学受験では、開成、筑波大学附属駒場、そして灘という、東西のトップ校全てに合格したと言います。

合格の要因は1つではありませんが、そろばんで培った計算の高速「脳内回路」を、高度な数学の勉強でさらに加速して行ったことが大きく寄与していることは間違いないでしょう。

計算力の土台が早い段階でできていたことが、「センター試験の数学をわずか15分で解く」という早業につながったと考えられます。

石橋くんのように必ずしもそろばんを習う必要はありませんが、早い段階で計算の「脳内回路」を作っておくことは、より高度な計算や数学の勉強を行ううえで重要です。

その際のポイントは2つです。

1つは、**「速く正確に解くことを意識すること」**。

そして、もう1つは、**「コンスタントに練習すること」**です。

この2つを心がけることで、「脳内回路」は強化され、加速していくのです。

なお、石橋くんの場合、問題を解く速さもそうですが、「ミスが少なかった」というのも勝因かもしれません。

速さと正確さは両立します。**「脳内回路」が加速するということは、集中力が高まっている状態でもあるということ**。超高速で走るF1レーサーや150キロの球を打つバッターのように、**集中力を高めることで、より高いパフォーマンスを発揮することができる**のです。

計算力は社会に出た後も、様々な場面で必要とされます。

たとえば、会社で1000万円の設備投資をして、回収できるのに何年かかるか、あるマンションの部屋の4割が空室の場合、家賃を下げて満室にするべきかなどなど。

将来のための投資をする際には欠かせません。早いうちから鍛えておきましょう。

計算力のコツ

「ゴール」を設定してから練習を始める

計算の重要性と計算力の高め方をなんとなく理解してもらえたでしょうか。
では次に、どんな問題集をどんな方法で解けば良いか、考えてみましょう。

正直なところ、小学校低学年であれば、どんな問題集でも大差はないと思います。子どもが気に入ったものを選べば十分です。

前述したように、東京大学の医学部生へのアンケートでも、公文式の経験者は約3分の1ほどいました。公文式はフランチャイズで、全国にありますから、もし近くにあれば試してみるのも悪くないでしょう。

また、同塾の問題集はインターネットで購入できますので、それを買って自宅で勉強することも可能です。

私は公文式の回し者ではありませんが、実績も定評もあるので、どれが良いか迷っている人は試してみても良いと思います。

もちろん、わざわざ問題集を買わなくても、まずは、学校から配布されている計算ドリルなどをやるだけでも十分です。

ポイントは、解き方です。

前項で述べたように、**解くときは速度と正確さの両方を意識する必要があります。**たとえば、20題の計算問題を何分で解くか、時間を決めて集中して解くといった形が良いでしょう。

このあたりは、私が推奨している「ステップ集中」という方法がおすすめです。

解き方を簡単に説明すると、以下のような手順になります。

❶目標タイムを設定する（例：20題の計算問題を5分で解く、など）※達成できたら「うれしい！」と感じられるタイムにする

❷目標が達成できた瞬間をイメージする（これでやる気のホルモンが出る）※「うれしい！」という感情まで想像する

❸ストップウォッチを活用して一心不乱に問題を解く

❹解き終わったらストップウォッチを止める

❺目標タイムを切れたら、思い切り喜ぶ（これでさらにやる気のホルモンが出る）

ご褒美がもらえると、人間はやる気が増します（「報酬効果」と言います）。

この方法では、「時間自体」つまり「目標をクリアできたというプラスのイメージ」をご褒美にしています。ぜひ試してみてください。

※ステップ集中の詳細については、拙著『やるべきことがみるみる片づく東大ドクター流やる気と集中力を引き出す技術』（クロスメディア・パブリッシング）に詳しく載っています。

記憶力のコツ

「ただ覚える」を早めに卒業する

大事なことなのでくり返しますが、**記憶を保持するためには、早めに復習し、くり返し脳に情報をインプットすることが重要**です。

では、東京大学医学部に入るような人は、小学校1～3年生のうちから復習をしていたのでしょうか。

東京大学の医学部生15名にアンケートを取ってみたところ、「復習をしていた」と答えた人は、なんとゼロでした。中には「する必要がありませんでした」と答えた人もいました。これは何を意味するのでしょうか？

ポイントは2つあります。

1つは、小学校低学年だと、まだ覚える項目も少なく、内容もシンプルなので、毎日復習する必要もないということ。

そしてもう1つのポイントが、**子どものうちは、意味のないもの、あるいは意味を知らないものでも、すんなり覚えやすい傾向にある**ということ。暗記力のようなものが強いので、学校で習ったことを覚えていられるという点です。

ちなみに、この暗記力と似たものに「直観像」があります。

これは、ぱっと見たものを、写真を撮ったかのように覚えてしまう能力を指します。

直観像は、成人ではまれですが、児童・少年少女期に多く見られると言われます。

日本の研究では、9～14歳の児童の約7割が直観像を有するという報告もあります。

このように、子どものうちは暗記する能力が高いので、なんとなく記憶していて、テストで良い成績を取ってしまう子どももいます。

ところが、それだけに頼っていると、学年が進むにつれて困ることになります。

なぜなら、直観像をはじめとした「暗記力」は徐々に衰え、その一方で覚えるべき項目は増加、かつ複雑になってくるからです。


こうしたことを考えると、小学校低学年のうちに「なんとなく覚えているから良いや」ではなく、**記憶を強化するしくみを理解し、将来仕事や生活でミスをして困ることがないような〝習慣〟を形成しておくのが良い**でしょう。

直観像と似ているのですが、将棋のプロ棋士は、将棋の盤面を覚えることができます。

たとえば、AさんとBさんが将棋を指しているところに、将棋の藤井聡太棋士が現れたとしましょう。藤井棋士は、ちらっとその盤上の駒の並びを見ただけで、覚えて再現できるということです。

これは、先ほど紹介した「直観像」と似ていますが、実は脳の働きとしては全く異なります。

プロ棋士は、駒の並びを見た瞬間に「次はどういう手が良いか？　相手はどう対応してくるか？」といったことを頭の中で目まぐるしく考えています。考えるというよりも、「脳内回路」が勝手に動き出すというイメージが近いかもしれません。

一つひとつの駒の配置に意味と関連性を見出し、その並びを再現することができます。彼らは意味のないものをパシャッと写真のように記憶するのとは違い、**それぞれの関連性を把握したうえで記憶に刻んでいる**のです。

このように、**意味のあるもの、関連のあるものを覚える能力は、子どもの頃から鍛**

えておくと、大人になっても持続しやすくなります。

では、どうすれば鍛えられるのでしょうか。次の項で考えていきましょう。

記憶力のコツ

5つのポイントでしっかり覚える

意味のあるもの、関連するものの覚え方には、5つのポイントがあります。
1つずつ紹介していきましょう。

■ポイント1　深く掘り下げる

さらっと上辺だけを学習して暗記するよりも、**深く掘り下げて考えたほうが、理解が深まるだけでなく、記憶も定着します。**

たとえば、「徳川家康」という名前をただ暗記するよりも、徳川家康がどういう生い立ちで、いかにして天下統一を達成したか、どんな人柄だったのかなど、背景を詳しく調べたほうが、記憶が定着し、その後の学習にも役立ちます。

■ポイント2　分けて学習する

同じことを学習する場合、ひとまとめに行うよりも、複数回に分けて行うほうが良いと言われています。これを**「分散効果」**と呼びます。

複数回に分けて行うほうが良い理由にはいくつかあります。

1つは、**長時間連続して作業することで疲労がたまり、注意力が低下する可能性があること**。そしてもう1つは、**人間の記憶のしくみの問題**です。

人間の記憶には「短期記憶」と「長期記憶」があります。

短期記憶は前述したように、その場の作業をするために、短期間覚えておくための機能です。それに対して、その場だけでなくある期間経った後も情報を利用するために覚えておく機能が長期記憶です。

コンピューターにたとえると、短期記憶がメモリー、長期記憶がハードディスク（最近はSSD）に相当します。

文章を書いていても、ハードディスクに保存しないと消えてしまいますよね。

コンピューターの場合、意図して「保存」すれば記憶が残りますが、人間の脳は、そうはいきません。**複数回に分けて何度か学習をくり返したほうが、長期記憶に定着しやすくなる**のです。

ですから、同じ学習を一気に3回くり返すよりは、3日に分けて3度学習したほうが、記憶が定着しやすくなります。

■ポイント3　自分で考え、生み出す

試験勉強のために、各個人で試験範囲をまとめたプリントなどを作った経験があると思います。このとき、自分で考えて作ったプリントを読む場合と、先生や友人が作ったプリントを読む場合では、自分が作ったプリントのほうが頭に入りやすかったのではないでしょうか。

このように〝自分で考え生み出す〟ことにより記憶を高める効果を、「生成効果」と呼んでいます。

自分で考え、生み出す過程で何度も「脳内回路」に電流を流すために、回路が強化されるわけです。これも「脳内回路」の理論からすれば当然と言えます。

一方、他人がプリントを作成しているときには、自分の脳に電流は流れていません。できあがったものを目にしてはじめて電流が流れるのですが、それがうまく回路を形成できない場合もあるし、できたとしても時間がかかります。

「聞き流すだけでＯＫ」という謳い文句の英会話教材がありますが、これも同様のことが言えます。この教材を考案した人は、〝自分で考えて、自分で教材を作った〟の

で、それを聞き流すだけで、自分の「脳内回路」を強化できたのです。ところが既成の教材を手にした人は、全く回路ができていないので、同じ効果は得られないわけです。

まとめノートを作る、単語カードを作るなど、方法は色々ありますが、**「自分で考え生み出す」習慣を子どものうちから身につけると良い**でしょう。

■ポイント4　知識や経験をフル活用する

自分の知っていることや経験したことと新しく学ぶことをうまく結びつけると、早く記憶を強化することができます。子どもの頃はまだ知識や経験が少ないので難しいですが、成長するにつれて、このような方法は有効になってきます。

典型的な例に、中国語の勉強があります。

日本語と中国語の漢字はルーツが同じです。中国語の知識が全くなくても、漢字を見ただけで、ある程度意味を推測することができます。

中国語の漢字の発音も日本語の発音とは異なりますが、パターンが決まっているので、漢字と発音の関連性を理解しやすいのです。

語呂合わせや記憶術なども、広い意味では知識や経験の活用と言えます。自分が既に知っているものと、新しく覚えるものを結びつけているからです。中学・高校と進むにつれて、覚える事柄も増えて、なおかつ複雑になってきます。**小さいうちから、既知のものと新しいものを結びつける習慣をつけておくと良い**でしょう。

■ポイント5　テストを活用する

ただ単に教科書を読むよりも、**テスト形式で学習したほうが、記憶が定着しやすい**と言われています。教科書を読んだら、問題集を解いたり、あるいは自分で問題を作るのも良いでしょう。ポイント3の「自分で考え生み出す」方法との相乗効果で、記憶の定着が加速するはずです。

図６　記憶力を強化するための５つのポイント

1. 深く掘り下げる
2. 分けて学習する
3. 自分で考え、生み出す
4. 知識や経験をフル活用する
5. テストを活用する

↓

記憶したことが加速的に定着する！

語学力のコツ

「言葉」が増える時期に学びを始める

日本では、本格的な英語の学習が始まるのは小学校5年生からです（2021年1月時点）。そのため、英語教育を早期から行ったほうが良いとか良くないとか、様々な意見が出ていますが、果たしてどちらが良いのでしょうか？

私としては、英語教育は早期に始めたほうが良いと考えています。

その理由は主に2つです。

1つ目は、幼少期の、話せる言葉の増え方にあります。

図7のように、脳の神経細胞が発達していく幼少期には、話せる語数がどんどん増えていきます。そのため、小学生になって初めて習うより、この時期に一気に「英語の脳内回路」を作っておいたほうが、後々楽になる可能性が十分あると考えられます。

子どもの頃、自転車に乗れるようになったために大人になって損をしたという人はいないはずです。子どもの頃に野球を楽しむと、大人になってサッカーをするときの妨げになる、ということもありません。

同様に、子どものときに英語を学習したからといって、マイナスになる要素はない

図7　脳の発達と話せる言語数の相関関係

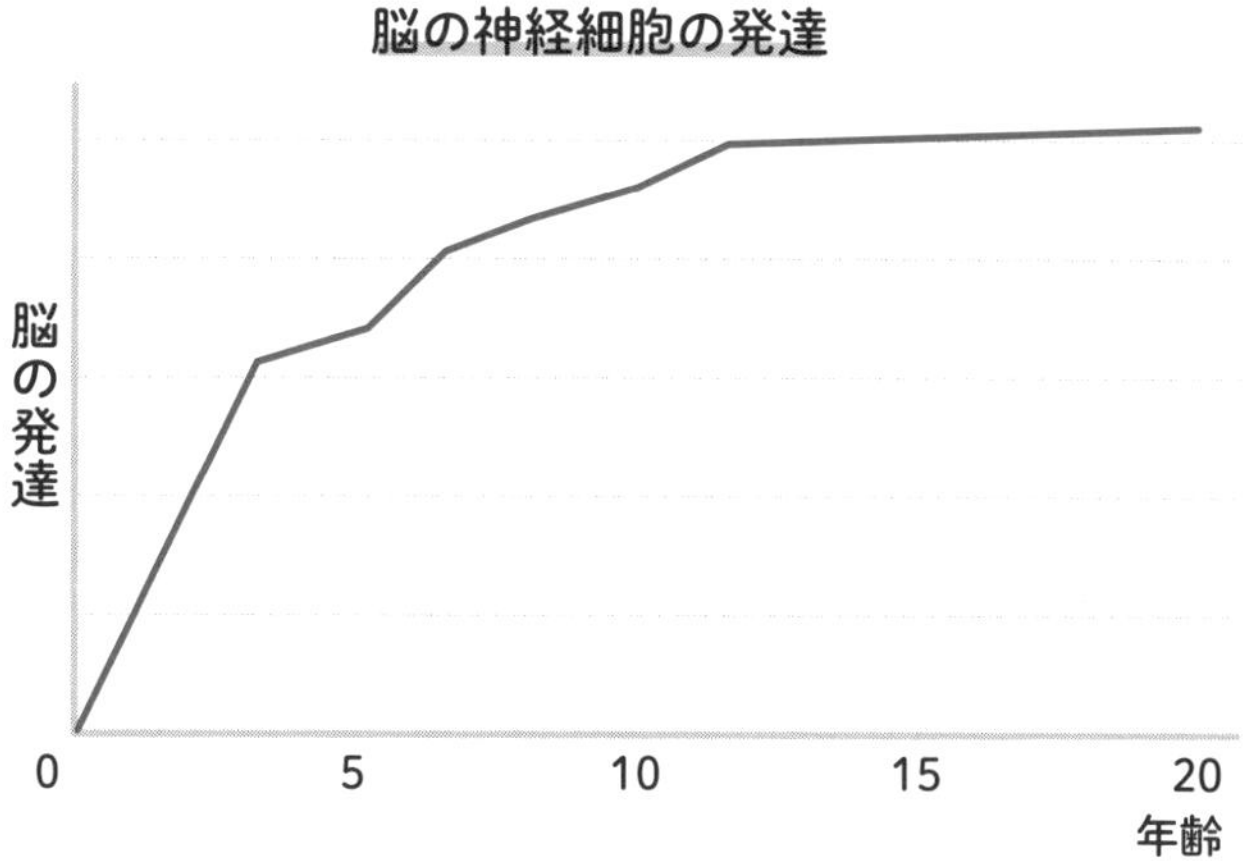

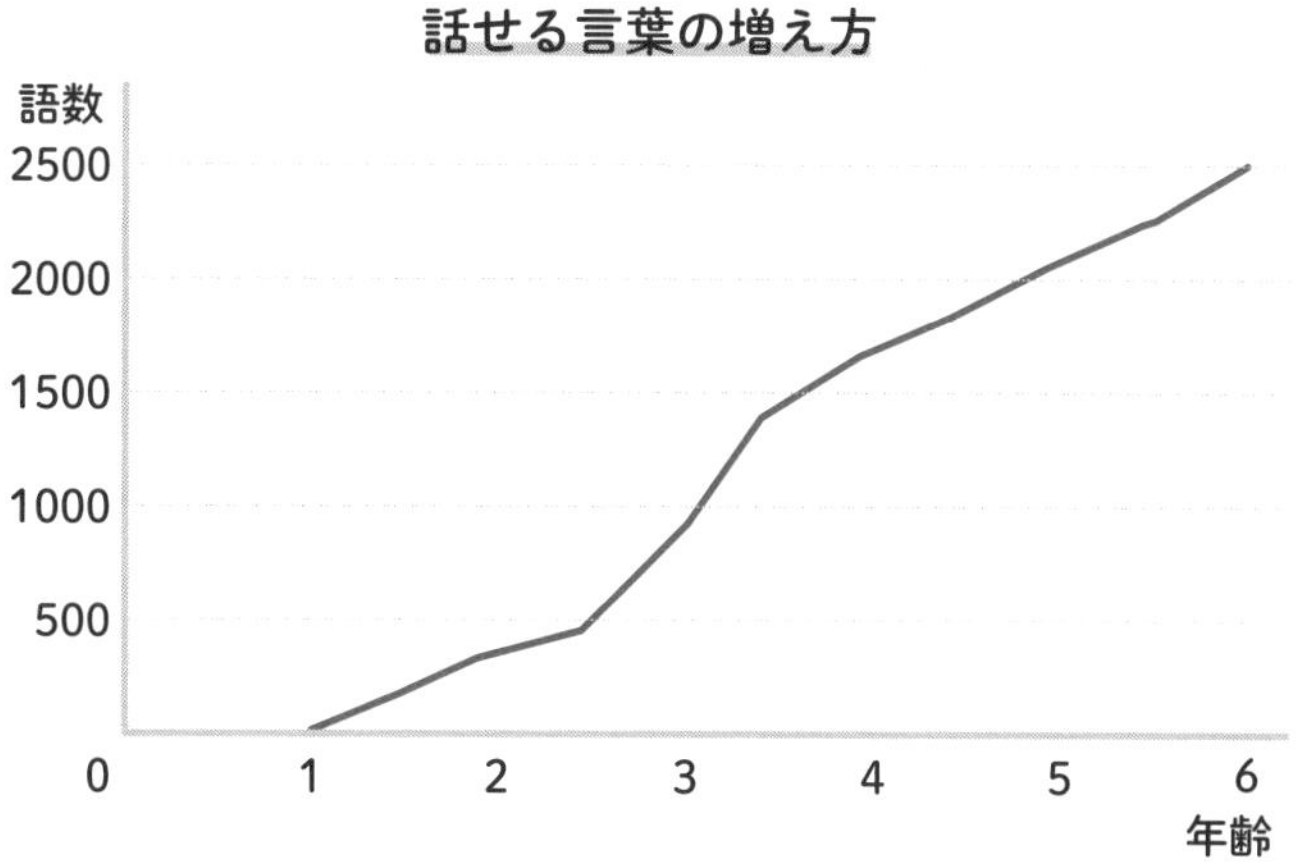

出典：子供の成長と言葉（『NHKことばの治療教室』より）

と思います。

2つ目の理由ですが、統計的に見ても、日本人の英語力は他の先進国に比べて明らかに劣っていること。そして、**英語力の高い国は、早期の英語教育をしている**という点です。

図8は、OECD加盟国のTOEFLスコアランキングです。日本は37カ国中最下位となっています。英語が母国語でなくても上位にランクしているオランダ、ベルギー、デンマークなどは、いずれも早期の英語教育を取り入れています。

グローバル社会の中で日本人が活躍するためには、英語力は必須と言えます。

こうしたデータからも、日本がこれから世界の中で生き残っていくためには、早期の英語教育は必要だというのが、私の意見です。

図8　OECD加盟国のTOEFLスコアランキング

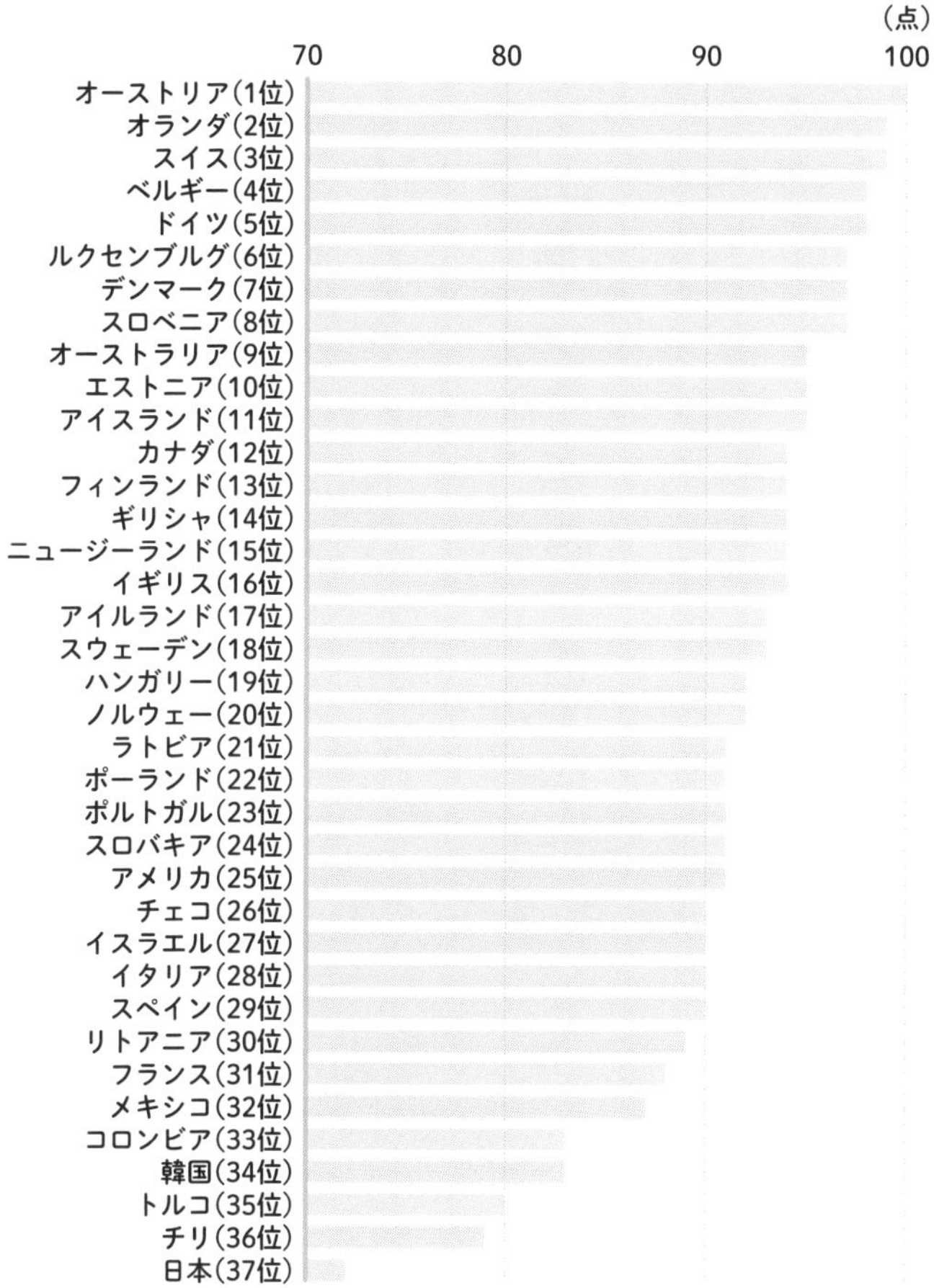

出典：TOEFL iBT® Test and Score Data Summary 2019 January-December 2019 Test Data

語学力のコツ

正しい発音から「話す」「聞く」が身につく

日本人は、英語の発音だけでなく、リスニングが苦手という人も多いです。

主な原因は「ジャパニーズ・イングリッシュ」にあると考えています。

たとえば、What are you doing? という文を、ジャパニーズ・イングリッシュで発音すると「ホワットアーユーデューイング」となります。

しかし、アメリカ英語なら、実際には「ワタアユデュイン」みたいな発音になるわけです。

ここまでで「脳内回路」の理論を学んだみなさんはもうおわかりだと思いますが、**正しい発音の「脳内回路」ができていなければ、英語を聴き取ることはできません。**

「ホワットアーユーデューイング」という間違った「脳内回路」を持った人が「ワタアユデュイン」と言われても、チンプンカンプンなわけです。

では、正しい「脳内回路」を作るためにはどうしたら良いのでしょうか。

それは、**「英文を見る→正しい発音を聴く」**、**あるいは、「正しい発音を聴く→英文を見る」といったプロセスをくり返すしかありません。**

これによって正しい「脳内回路」が形成されていきます。

次に、どうやったら子どもに英語の「脳内回路」を作れるか、考えてみましょう。

手軽にできておすすめの方法は、**海外のアニメなどを見せること**です。

英語のアニメを楽しみながら見ているうちに、英語の「脳内回路」が自然に形成されていきます。今はネットフリックスなど、英語のアニメを簡単に見られるサービスも増えていますので、それを活用すると良いでしょう。


アメリカでは、子どもが英語の発音を勉強するうえで、**Phonics（フォニックス）**という方法が主流になっています。

これは、英語のつづりに対応する発音の規則性を学ぶことで、発音の修得を早める方法です。

たとえば、Phonics の Pho は「フォ」と発音します。

このことを知っていれば、telephone という言葉をはじめて見たときに「テレフォン」と、自然と発音がわかるようになるわけです。

YouTube で「フォニックス」と入力すれば、様々な動画が出てきます。

ある程度の英単語を学習したら、このような発音の規則性を学んでおくのも良いでしょう。**規則性を知らずにやみくもに暗記するよりは、はるかに効率的かつ自然に学べる**と思います。

第２章のまとめ

★「読む力」「書く力」「計算力」は早めに鍛えよう
★読書後の「問いかけ」で読解力を高めよう
★好きなジャンルの本を「紙」で読んで、インプットを増やそう
★簡単な「日記」で楽しくアウトプットをしよう
★大人の「質問」で論理的思考力を育てよう
★「目標タイム」を決めて、計算の「スピード」と「正確さ」を身につけよう
★何かを覚えるときは「関連性」に注目するクセをつけよう
★英語の正しい発音は「好きなアニメ」で楽しく学ぼう

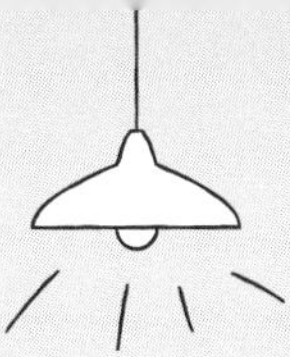

第3章

脳を活性化させる！
食事のキホン習慣

食事のコツ

5大栄養素で脳と体の成長を支える

ここからは、子どもの資本となる「食事」について考えていきたいと思います。

集中力を高めるにせよ、「読む力」「書く力」「計算力」を鍛えるにせよ、成長期の子どもは、十分な栄養を摂る必要があります。

脳の成長には、食事によって、健康的な体を作ることが欠かせないからです。

まずは、最低限知っておきたい栄養素についてお話ししておきましょう。

私たちの体を形成する栄養素は、大きく3つに分類されます。

それは、**炭水化物と脂質とタンパク質**。これら3つは**「3大栄養素」**と呼ばれています。

炭水化物は「糖質」とも呼ばれます。ブドウ糖のように、単一の糖でできている単糖類や、単糖類が結合したデンプンやグリコーゲンのような多糖類などを総称した呼び名です。

いずれもいわゆる糖分であり、私たちの脳や体のエネルギー源になります。

ご存知のとおり、白米やパン、パスタなどが、これに当てはまります。

次に脂質ですが、これは油や脂などの「アブラ」の総称です。アブラには油（あぶら）と脂（あぶら）の2種類があります。常温で液体のものが油、固体のものが脂です。

代表的な食べ物として、オリーブオイルやバターなどが挙げられます。分解されてエネルギー源となったり、ホルモンの材料として使われる、とても重要な栄養素です。

3つ目のタンパク質は、私たちの筋肉や血液を作る材料になります。代表的な食べ物は、肉や魚などです。成長期の子どもや激しい運動をするアスリートなどは、このタンパク質を十分に補給する必要があります。

以上の**3大栄養素に、ビタミンとミネラルを加えたものを5大栄養素**と呼びます。

ビタミンは、身体の機能を助け、調子を整える栄養成分で、野菜や果物などに含まれています。

ミネラルも、身体の機能を助け、生理作用を調整してくれる栄養成分で、骨や歯のもとになったり、血液のもとになったりします。

また、神経や筋肉が正常に機能するためにも欠かせない成分です。ミネラルと一口に言っても、ナトリウム、カリウム、マグネシウム、カルシウム、リン、鉄など多くの種類があり、それぞれのミネラルを豊富に含む食品も異なります。中でも子どもの成長に欠かせないのは、骨や歯の成分になるカルシウムです。

カルシウムと言えば牛乳というイメージがありますが、実は小魚や干しエビなどにも豊富に含まれていますので、これらを積極的に摂ったほうが良いでしょう。

図9-1　1日に必要な3大栄養素のエネルギー比率

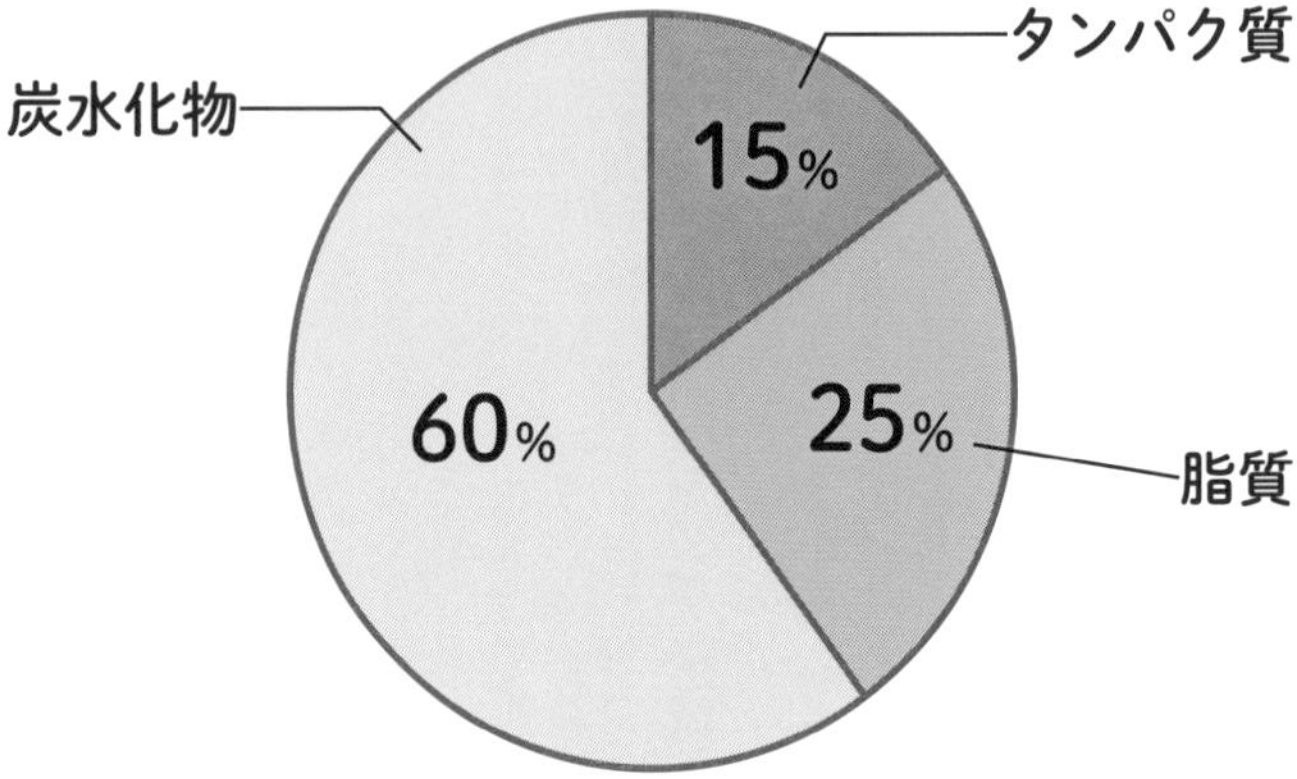

図9-2 5大栄養素

栄養素名	主なはたらき	多く含む食品例
炭水化物	私たちの脳や体のエネルギー源となる	ご飯、パン、めん、いも、砂糖など
タンパク質	体を作る	肉、魚、卵、大豆製品など
脂　　質	エネルギーになる	バター、マーガリン、植物油、肉の脂身など
ビタミン	体の調子を整える	緑黄色野菜、果物、レバーなど
ミネラル	骨や歯などを作る、体の調子を整える	海藻、牛乳、乳製品、小魚など

食事のコツ

3つの食品の摂りすぎを避ける

ここからは、「摂りすぎてはいけない食品」とその理由を考えていきましょう。

食事は、子どもの健やかな成長のために、極めて重要な要素です。

1日の食事は3回。それが365日、5年、10年と積み重なっていったとき、適切な食事を摂っていた子とそうでない子では、大きな差になるのは明白です。


図10―1は、アメリカの子どもの肥満率の変遷《へんせん》を表したグラフです。

1970年代にはわずか5％だったものが、2000年代には15％を超えています。

この肥満度の基準となっているのは、BMI（body mass index）と呼ばれる数値。

体重を身長（メートルに換算）の二乗で割って求められます。


たとえば、身長150センチメートル（1・5メートル）で体重が60キログラムだと、60÷（1・5×1・5）＝BMI26・67となります。

150センチメートル（1・5メートル）で体重が70キログラムだと、70÷（1・5×1・5）＝BMI31・11となります。

要するに、身長の割に体重が多ければ多いほど、この数値は大きくなるのです。

アメリカでは、ＢＭＩ30以上が「肥満」と定義されています。

身長１５０センチメートルの人がＢＭＩ30だと、体重は67・5キログラムになります。これが子どもだと、かなり体格が良いことになりますね。

アメリカでは、このような太りすぎの子どもが全体の15％以上もいるということなのです。

これをアメリカだけの状況だと思ったら大間違いです。

日本でも小児肥満は増えています。図10―２は、肥満度20％以上の肥満児の推移です。この40年間で、割合が３～４倍に増加していることがわかります。

なぜ、これほど肥満児が増えたのでしょうか？

その原因については様々なことが言われていますが、やはり見逃せないのは**食事の問題**です。

図10-1　アメリカの子どもの肥満率の変遷

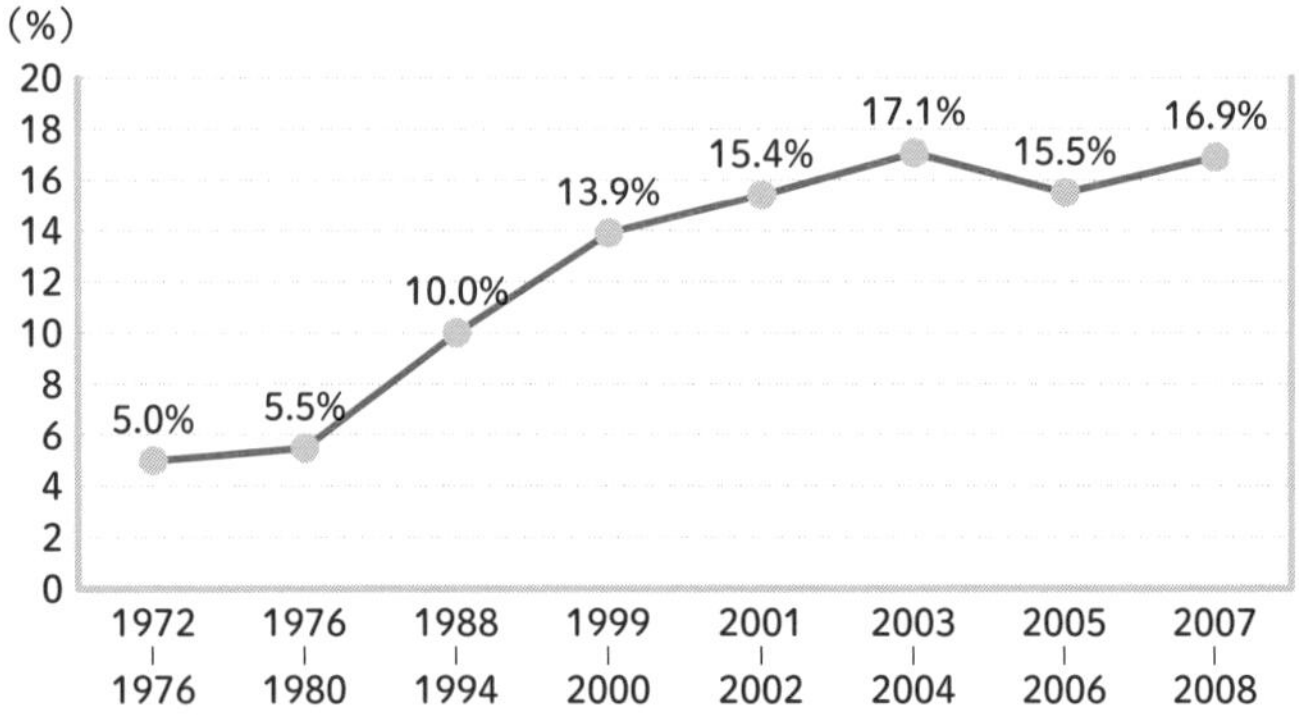

出典：NCHS（国立健康統計センター）が実施したNational Health and Nutrition Examination Survey（米国全国健康・栄養調査）によるもの

図10-2　日本の肥満児（肥満度20%以上）の頻度推移

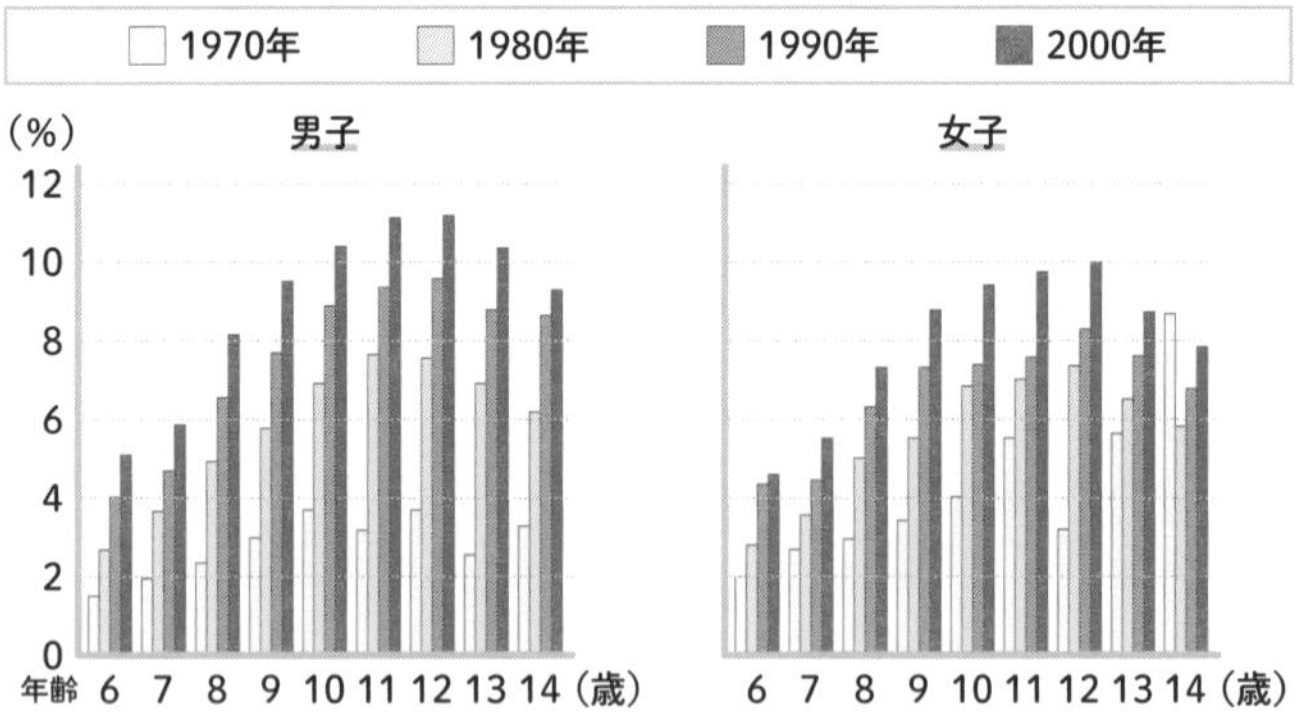

出典：文部科学省学校保健統計調査報告書　※肥満度は、［実測体重（kg）-身長別標準体重（kg）］÷身長別標準体重（kg）×100（%）で求めたもの

図11は、アメリカでの、20年間のカロリー数の変化を示したものです。

カロリー摂取量がこれだけ増えれば、肥満が増加するのも無理はない。そう思うかもしれません。

しかし、カロリー摂取量が増えた背景には、これらの食品に含まれる〝成分〟に問題があったのです。

その成分とは、**砂糖、塩、そして脂（あぶら）**の3つです。

では、なぜこれらの成分が問題なのでしょうか。そして、肥満と集中力には、どんな関係があるのでしょうか。

次の項目から理由を探っていきましょう。

図11　20年間の食品のカロリー数の変化（アメリカ）

（単位：kcal）

食品名	20年前	現在	増加量
ベーグル	140	350	210
マフィン	210	500	290
シーザーサラダ（チキン入り）	390	790	400
チーズバーガー	333	590	257
フライドポテト	210	610	400
ピザ（ペパロニ）	500	850	350
スパゲッティ（ミートボール入り）	500	1025	525
鶏肉の炒め物	435	865	430
ジュース	85	250	165
コーヒー	45	350	305
ポップコーン	270	630	360
チーズケーキ	260	640	380
チョコチップクッキー	55	275	220

出典：米国における子ども達の肥満とその対策～学校での取り組みを中心に～ Clair Report No. 355（March 10,2011）一般財団法人自治体国際化協会ニューヨーク事務所

食事のコツ

砂糖は「控える」ぐらいがちょうど良い

まずは、カロリー摂取量が増えた背景にある成分の1つ、砂糖について説明していきましょう。

砂糖は、脳のエネルギー源となる栄養素である「ブドウ糖（グルコース）」を手軽に摂ることのできる物質です。果糖とブドウ糖が結合した〝二糖類〟と呼ばれる物質で、これが分解されてブドウ糖になるわけです。

こう書くと、「脳にエネルギーを補給するためには、砂糖は必要なのでは？」と考えられますが、実はここに大きな問題があります。

何が問題かというと、**加工・精製された食品は吸収が速すぎる**のです。

詳しく説明しましょう。

砂糖を摂ると、分解されてできたブドウ糖の血液中の濃度が上昇します。

このブドウ糖の濃度のことを**「血糖値」**と言います。

そして血糖値が上がると、脳の中ではやる気のホルモン「ドーパミン」が分泌されます。

ここまで本書を読んでいる人は、すでにドーパミンをご存知ですので、「それなら、良いことばかりじゃないか？」と思うかもしれません。

しかし、そうではないのです。

血糖値が急激に上がると、脳への刺激が強くなりすぎるのです。

図12は、代表的なお菓子を摂取した後の血糖値の変動をグラフ化したものです。何も食べていないときに比べ、いかに変動が大きいかを感じてもらえると思います。


人間は快楽を求める生き物です。

あまりに気持ち良くなると、それが忘れられずに、同じ快楽を求めてしまいます。

同じように、砂糖を摂った場合、ドーパミンによる気持ち良さが忘れられず、また砂糖を求めてしまいます。さらに同じ刺激をくり返すと、ドーパミンの分泌反応は弱くなり、より強い刺激を求めるようになってしまうのです。悲しいスパイラルですね。

実際、肥満の人の脳内では、砂糖に対する反応が弱まっていることが検証されています。つまり、**刺激を求めて、どんどん甘いものを摂ってしまう**のです。

図12　食品別に見る血糖変動の一例

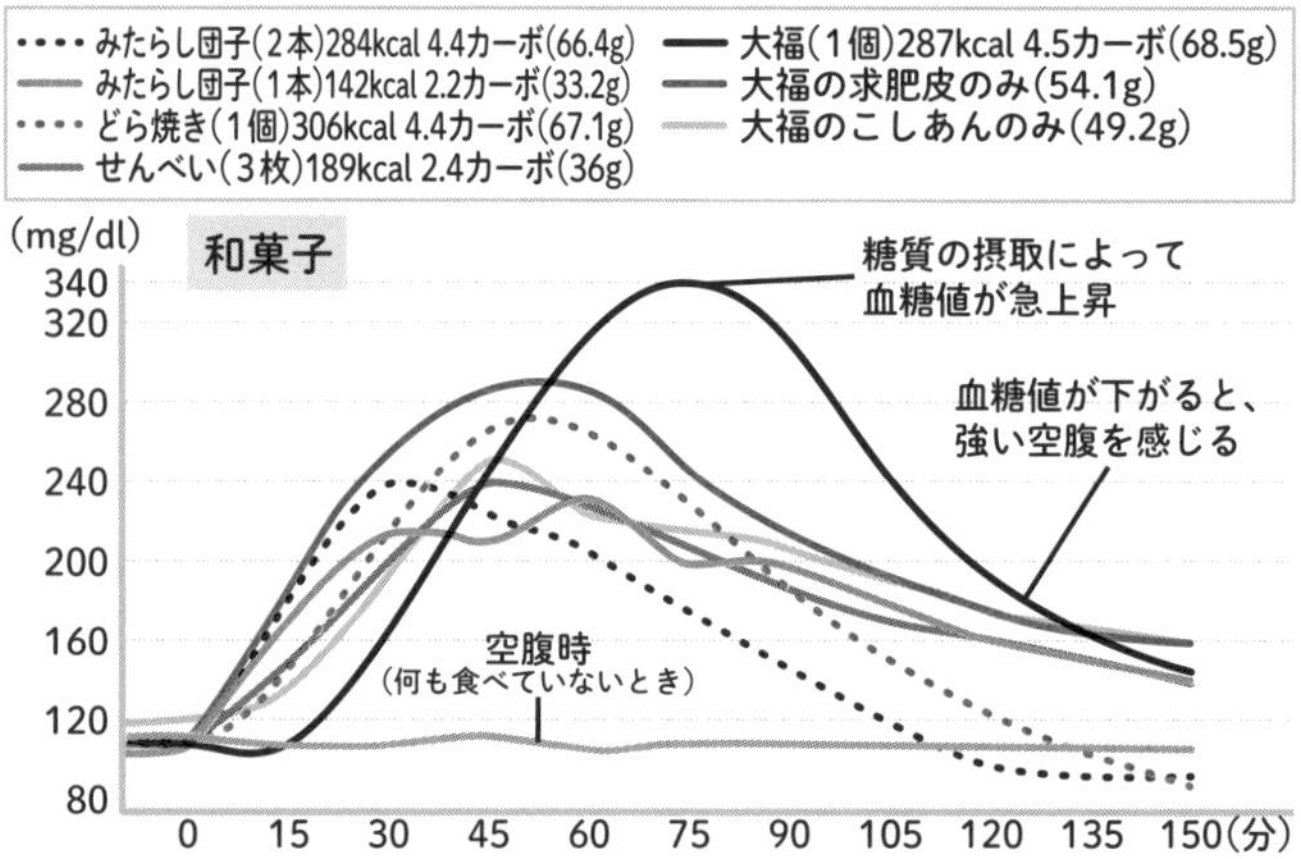

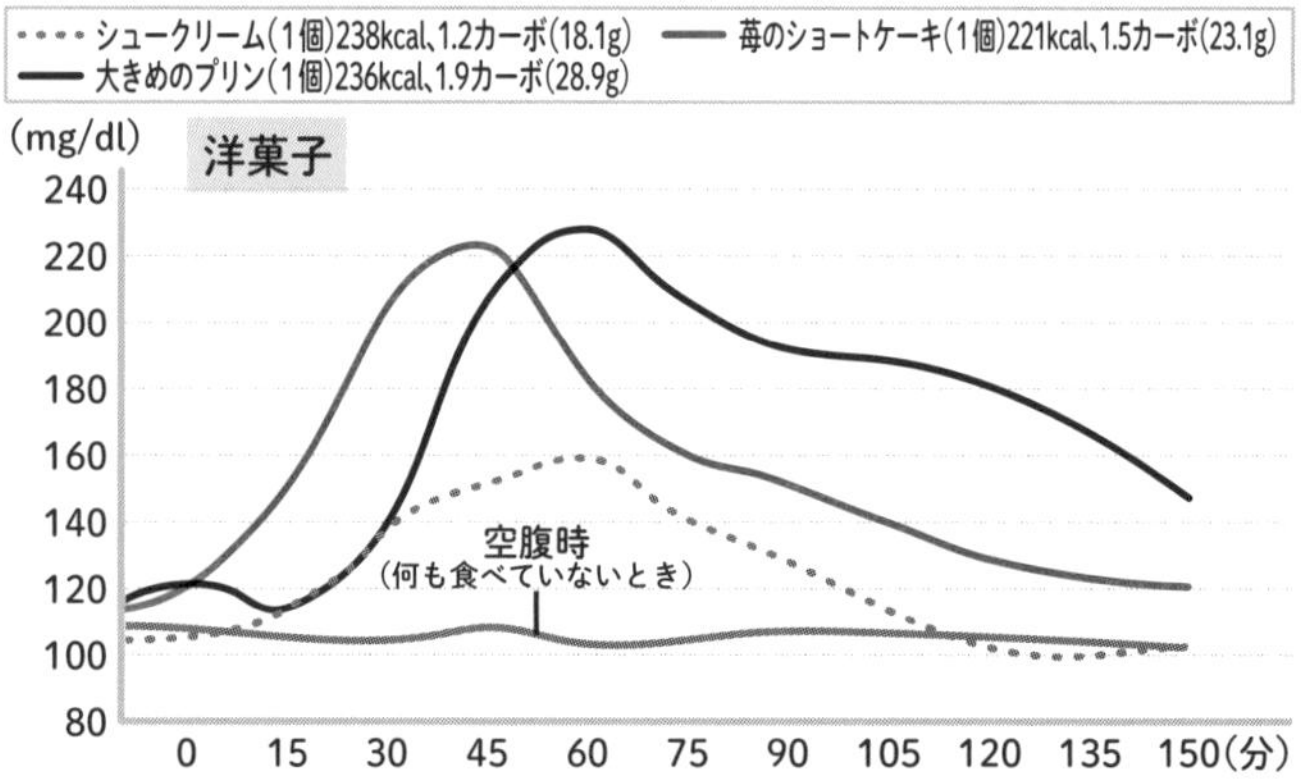

出典:糖尿病ネットワーク
＊データは、ともに血糖コントロールが良好な境界型糖尿病の方が医師の指導・管理のもとテスト的に実施した一例です

こうしたことが積み重なって、肥満や糖尿病患者が増えていきました。実はこうした事実は、すでに１９８０年代からわかっていたことです。

しかし、食品メーカーは、そうした「過度に甘い」食品の販売を止めませんでした。なぜでしょうか。

それは、砂糖を減らすと売れなくなってしまうからです。

アメリカ人は１人あたり、カロリーを持つ甘味料を年間約32キログラム消費しています。これは、１日小さじ約22杯分。つまり１日約87グラムもの砂糖を摂っていることになります。いかに多い量かを感じてもらえるのではないでしょうか。

日本ではっきりしたデータは出ていませんが、１日70グラムぐらいは砂糖を摂っていると言われています。

自分はそんなに摂っていないと言う人もいると思いますが、様々な加工食品や果物などの中に糖分は含まれています。知らず知らずのうちに摂取しているのです。

したがって、糖分を豊富に含んだ食品や飲料を積極的に摂る必要はありません。むしろ、**極力控えるようにしたほうが良いで**しょう。

参考までに、身近な食品に含まれる糖分の量は図13のようになります。

お米や果物など、私たちはふだんから様々な食品を通して糖分を摂取しているので、不足する心配はないと言えます。

図13　食品に含まれる糖分の量

食品名	含まれる糖分とおよその量
チョコレート	1枚に砂糖30g
プリン	1個で砂糖10g
缶ジュース	250ml中に砂糖25g
リンゴ	半分に砂糖20g
もも	1個に砂糖20g
大福もち	100gあたり砂糖15g
どらやき	100gあたり砂糖38g
きんつば	100gあたり砂糖40g
あんパン	100gあたり砂糖27g
シュークリーム	100gあたり砂糖15g
ショートケーキ	100gあたり砂糖23g

出典：文部科学省「日本食品標準成分表2010」について第3章の15（菓子類）

食事のコツ

血糖値をゆっくり上げる工夫をする

前項で、糖分は積極的に摂らないほうが良いとお伝えしました。ですが、糖分は脳のエネルギー源でもあります。

「脳を活性化するためには、どんどん糖分を摂ったほうが良いのでは？」と思う人もいるかもしれませんが、そうではありません。

糖分の摂りすぎは、集中力を欠くことにつながります。

糖分の中でも加工食品や精製された白米、小麦などは吸収が速いため、摂取すると、血糖値がすぐに高まります。血糖値が上がると、人間の体は、それを下げるために「インスリン」というホルモンを分泌します。

血糖値が急上昇すると、それを下げるためにインスリンも大量に分泌されるため、今度は血糖値が急降下します。

血糖値が下がるということは、血液中の糖分が減るということです。

では**余った糖分はどこに行くかというと、最終的には脂肪となって、体内に蓄えられてしまう**のです。

午後3時頃、空腹を感じて甘いお菓子を食べても、5時頃になってまたお腹が空いてきた。しかもさらに強い空腹を感じたという経験をしたことはありませんか？　それがまさに、血糖値の乱高下による症状なのです。

「集中力が切れる→甘いものを食べる→集中力が切れる→甘いものを食べる」をくり返していると、**集中力が維持できなくなるだけでなく、太りすぎてしまうという弊害をもたらします**。

昨今問題になっている「キレる子ども」の原因の1つとして、このような血糖値の急激な低下が関係しているとも言われています。

脳のエネルギーとして糖分は必要。

でもそれを摂ると逆効果になってしまうというジレンマ。

いったい、どうすれば良いのでしょうか？

その答えが、**「GI値の低い食品を摂るようにすること」**です（図14参照）。

GI値とはグリセミックインデックスの略です。

図14　食品のGI値（100グラムあたり）

	食品名	GI値
穀物	精白米	84-88
穀物	玄米	55-58
穀物	麦	65
パン類	食パン	91
パン類	全粒粉パン	50-69
パン類	ベーグル	72-75
麺類	うどん	80-85
麺類	そば	54-59
麺類	ラーメン	60-73
麺類	スパゲッティ	91
肉類	生肉類のほとんど	45-50
魚介類	魚介類のほとんど（素材状態）	45-50
加工品	ウィンナー	46
加工品	おから	35
加工品	かまぼこ	51
加工品	納豆	33
加工品	ちくわ	55
加工品	豆腐	42
加工品	ベーコン	49
加工品	焼き海苔	15
飲料	ココア	47
飲料	紅茶	10
卵類	鶏卵・ゆで卵	30

	食品名	GI値
果物	リンゴ	36
果物	バナナ	53-55
果物	オレンジ	31-43
果物	スイカ	60-72
野菜	ジャガイモ	85-90
野菜	サツマイモ	54-55
野菜	ニンジン	71-80
野菜	カボチャ	65-75
野菜	大根	26
野菜	ピーマン	26
野菜	ゴボウ	45
野菜	玉ネギ	30
野菜	ブロッコリー	25
野菜	トマト	30
野菜	エリンギ	28
菓子類	上白糖	109
菓子類	クッキー	77
菓子類	大福	88
菓子類	イチゴジャム	82
菓子類	黒砂糖	99
菓子類	ポテトチップ	60
菓子類	シュークリーム	45
乳製品	牛乳	25
乳製品	プロセスチーズ	31
乳製品	クリームチーズ	33
乳製品	バター	30
乳製品	マーガリン	31

出典：森田敏宏「東大ドクターが教える集中術」（小学館）

簡単に説明すると、血糖値の上がりやすさの目安です。**GI値が高い食品ほど、血糖値が急上昇し、低い食品ほど、血糖値の変動は緩やか**です。

たとえば、GI値の低い食品に、「大豆バー」があります。この大豆バーはGI値が55以下とされています。おやつに摂ることで、血糖値の乱高下をふせぎ、血糖値を安定させることができます。ややや塩分は多いですが、スルメなども低カロリー高タンパク、低GI値でおすすめです。その他、ナッツも良いでしょう。

子どもの頃から甘いものを摂る嗜好《しこう》が定着してしまうと、大きくなってから修正するのは難しくなります。

午後は甘いおやつをなるべく避けて、低GI値の食品で血糖値を安定させることを心がけましょう。

食事のコツ

子どもの頃の食習慣が「未来」を決める

糖分以外にも、摂りすぎに注意すべきものが2つあります。

それは、**脂質と塩分**です。

まず脂質です。

常温で液体の油には、サラダ油、オリーブオイル、ごま油、魚油などがあります。

一方固体の脂には、バターやラードのような動物性の脂肪が多いですが、全て動物性というわけではありません。あまり細かい説明をすると逆に混乱してしまうかもしれないので、ここでは、**油も脂も含んだものを「脂質」**と覚えておきましょう。

糖分を摂取したときに、私たちの脳は快楽を感じているという話をしました。

脂質にも同じような効果があることが実験でわかっています。

脂質は様々な食品に含まれています。それだけでなく、1グラムあたり9キロカロリーと、**糖分やタンパク質の、実に2倍以上もカロリーが高いため、わずかな量しか摂っていないつもりでも、カロリー過多になる恐れがあります**。

ですから、脂質もことさら積極的に摂る必要はありません。脂質を含んだ食品は色々ありますが、特に脂質を豊富に含む加工食品には、注意したほうが良いでしょう。アブラを摂りすぎてしまいがちな食品として、唐揚げなどの揚げ物全般、あとはフライドポテト、ポテトチップスなどが挙げられます。

次に塩分ですが、これも摂りすぎに注意する必要があります。

日本食は塩や醤油、味噌をよく使うため、もともと塩分の量が多いもの。加えて、加工食品にも大量の塩分が含まれています。

乳幼児期に、親と同じ加工食品などを摂って塩分を多く摂取していた子どもと、果物や野菜を食べて塩分をあまり摂らなかった子どもの3～4年後を比較調査した研究があります。

その研究によると、**乳幼児期に塩分を多く摂っていた子どもは、その後も塩分の多い食品を好む傾向が強くなるという結果が出ています。**

ご存知のように、巷《ちまた》には、ポテトチップスやカップラーメンなどの、塩分をふんだんに含んだ商品が溢れています。このような食品を好む子どもが成人になれば、高血圧などの生活習慣病になる確率が高まります。

子どもだけでなく、大人も心身ともに健康な状態でないと、高い集中力を発揮するのは難しくなります。

したがって、塩分に対しても極力、摂りすぎに注意するほうが好ましいでしょう。

塩分を多く含んだ食品をなるべく摂らない習慣をつけるのがベストだと思います。

食事のコツ

2つのことに注意して「体内時計」を整える

集中力を高めるには、体内時計を整えることがとても大切になります。

地球の1日の周期は24時間ですが、人間の体内時計は、正確には、およそ24・5時間と言われています。もともと30分のずれがあるわけです。

これを放っておくと、だんだん地球の周期とずれていくことになります。

たとえば、毎朝6時に起きていた人が、翌朝は6時半に目覚め、その次の日は7時に起き、さらにその翌日は7時半に起きる……というように、徐々にサイクルがずれてしまうわけです。

しかし、実際にそのようなサイクルで生活している人は、あまりいません。

無意識のうちに毎朝体内時計をリセットし、30分のずれを補正しているからです。

体内時計をリセットすると、「さあ、朝だ。頑張るぞ!」と、覚醒モードに自然と入り、集中力も高まります。

では、どのようにして人は、体内時計をリセットしているのでしょうか?

それには、**「光」と「食事の時間」が大きく関わっています**。

一定時間暗闇の中にいた後、強い光を浴びると、人間の細胞は「朝が来た」と感じ、「今から朝が始まるぞ」と、体内時計をリセットします。

また、一定時間食事を摂らない状態が続いた後に食事を摂ると、人間の体は同じように「朝が来た」と判断し、体内時計をリセットするのです。

通常、私たちは夜7時や8時頃食事を摂り、次に食事を摂るのは翌朝になります。したがって、10時間から12時間程度の絶食期間が生じることになります。

この絶食期間を経て食事を摂ると、私たちの体は「朝が来た」と判断するのです。

子どもの集中力を高めたいなら、このように、**まずは朝日を浴びること。そして、食事を摂る時間を決めることが大切になります**。

実はこの話は、時差ボケとも関係があります。

私はハワイが大好きで、よくハワイに行きます。

ハワイというのは本当に不思議な場所です。パワースポットが多いと言いますが、確かに何か不思議な力があるような感じがします。行くだけでストレスがなくなるし、元気が出てくるのです。

ところが、ハワイに着いたばかりのときは、いつも時差ボケで元気が出ません。日本からハワイへ向かう飛行機は、夜日本を出て、朝ハワイに到着します。飛行時間は約6時間。その間、飛行機の中でぐっすり眠ることができれば良いのですが、たいていうまくいかず、着いたその日は寝不足で、行動する気力も出ない状態です。


では、なぜ眠れないのでしょうか。

環境の変化もあると思いますが、私は、6時間の間に機内食が2度出てくることが影響していると考えていました。食事が出てくることによって、十分な睡眠時間が取れないことが大きな理由だと考えていたわけです。

しかし最近の研究で、新たなことがわかってきました。

このような「時差ボケ」現象には、単に睡眠時間の問題だけではなく、体内時計が大きく関わっているということです。

時差がある環境で、どうすれば体内時計をリセットできるかというと、**飛行機に乗る前に早めに夕飯を済ませておき、最初の機内食はパスすること**。

これによって、絶食期間を設けることができます。

そして、到着前の2度目の機内食のときにしっかり食事を摂ると、体内時計がリセットされます。

ポイントは、次の2点です。

❶絶食期間を設けること

❷朝食をしっかり摂ること

体内時計をリセットするのに適した食事については、次の項で説明します。

食事のコツ

朝食バランスが昼間の集中力を左右する

様々な動物実験によると、朝、体内時計をリセットするためには、バランスの良い食事が必要だということがわかっています。

特に重要なのが**「糖質」と「タンパク質」**です。

これらを摂取することで、朝が来たことを体が自覚します。

「朝食はトースト1枚だけ」とか、場合によっては朝食抜き、という家庭があります。これでは、朝から集中力を発揮するのは困難ですし、お昼前にはお腹が空いて、集中力がさらに低下してしまいます。

したがって、**朝は糖質（炭水化物）、タンパク質を中心に、脂質などもバランス良く摂れる食事を心がける必要があります**。

朝食のおすすめメニューは、サラダ、卵、焼き魚、納豆、ご飯、ヨーグルトです。

最近は共働きの夫婦が増えて、じっくり朝食を作る時間がないと言った悩みもよく耳にします。そのような場合でも、最低限の糖質とタンパク質を摂れる食事を考えたほうが良いでしょう。

糖質はご飯やパンで摂れます。

前述したように、糖分や脂分は様々な食品に含まれていますので、ことさら積極的に摂らなくても大丈夫です。**ご飯なら、お茶碗1杯程度で十分**でしょう。

タンパク質は焼き魚などがおすすめですが、時間がなければ魚の缶詰などでもかまいません。特に、魚の油には体内時計をリセットする作用があるので効果的です。

最近は、コンビニでサラダチキン（鶏の胸肉）も販売されています。これも低カロリー高タンパクでおすすめです。他にも、タンパク質を多く含む食品には、納豆などがあります。

さらに、ビタミンや食物繊維を摂取するために、サラダなどで野菜をしっかり摂りましょう。

まとめると、朝から脳を活性化するには、糖質とタンパク質が不可欠。これらと他の栄養素をバランスよく組み合わせる必要があるということになります。

食事のコツ

スパイスで脳が目覚める

朝カレーを食べると、集中力が高まるという話があるようです。

実際のところはどうなのでしょうか？


カレーが脳や健康に良いとすれば、その効能はカレーに含まれている香辛料からきていると考えられます。

香辛料に関するエビデンス（研究データ）を調べてみると、たしかに、動物実験などのデータはあるようです。

たとえば、カレーのスパイスに含まれている成分に「クルクミン」というものがあります。このクルクミンに関する動物実験のデータは数多く発表されています。

ラットの脳血流を改善するとか、癌の増殖をふせぐとか、アルツハイマー病の予防効果があるなど、多くの研究結果があります。

しかし、これはあくまで動物実験の結果です。クルクミンの量もかなり多めに投与している可能性があります。

したがって、人間がクルクミンを含んでいるカレーを食べたからといって、同じ効果が出るという話にはなりません。

では、朝カレーは効果がないのかというと、そうでもなさそうです。

前述したように、**起床直後は、副交感神経系が優位で、体温も低めです。そこから脳を活性化するためには、交感神経を活動させ、体温も高める必要があります。**

カレーの香辛料には、これらを促進する効果が期待できます。肉や野菜など、豊富な栄養を一気に摂れる点でも、忙しい朝の食事としても適しています。


ちなみに、東京大学の医学部生へ、朝カレーを食べていたかアンケートを取ってみたところ、15人中11名がNOという回答。「食べた」と答えた人も、前日の残りもの以外で朝カレーを食べることはほとんどなかったようですね。

カレーの集中力アップ効果を期待するよりも、勉強を頑張ったほうが良さそうですね。

しかしながら、朝が弱いお子さんには、体内時計をリセットする意味でも、試してみる価値があるかもしれません。

第3章のまとめ

★「5大栄養素」をしっかり取り入れよう

★「砂糖」「塩」「脂」は控えよう

★GI値の低い食品をおやつにしよう

★「食べる時間」と「食べない時間」を決めて、朝日を浴びよう

★朝食は「お茶碗1杯のご飯」と「魚（肉）」を中心にバランスよく食べよう

★朝ごはんで体を温めて、目を覚まそう

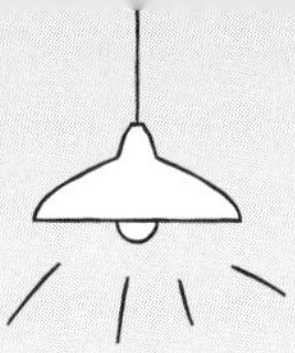

第4章

学びの効率を上げる！睡眠のキホン習慣

睡眠のコツ

十分な休息が「体」という土台を作る

この章では、1日24時間のおよそ3分の1を占める睡眠について考えていきます。

子どもの場合は休息、特に睡眠中の成長の度合いが大きいので、睡眠の取り方はとても重要です。

第3章でも述べたように、健康で活力あふれる体なくして、脳の活性化はありえません。

どんなに優れたカーナビを装備していても、車体もエンジンもボロボロで、馬力のない車では、目的地に到達するのは困難です。

優秀な頭脳も、しっかりした体に装着されてこそ、本来の力を発揮できるのです。

では、しっかりとした体を作るにはどうしたら良いでしょうか。

ポイントは3つあります。

1つ目は**食事**。

2つ目は**適度なストレス（負荷）を与えること**。

そして3つ目は、**回復・成長のための休息**です。

筋トレを例に考えてみましょう。

強い負荷をかけると筋肉の細胞はいったん破壊されます。それが修復する過程で大きくて強い筋肉に生まれ変わります。

負荷をかけることはもちろん大切ですが、それ以上に重要なのが、**回復し、成長するための適度な休息期間なのです**。

子どもの場合も、同様です。

勉強したり、習い事をしたり、運動をした後、適度な休息を取らなければ、再び十分に活動できるだけの体力が回復されず、疲れ切ってしまうだけです。

睡眠のコツ

眠りを促す「メラトニン」を増やす

熟睡することによって一日の疲れが取れ、翌日、元気に活動するための活力が生まれてきます。ここで、眠りのしくみについて簡単に説明しておきましょう。

熟睡するためには、「メラトニン」というホルモンが重要な働きをします。

メラトニンとは、眠りを促すホルモンです。

光の刺激があると分泌が減り、逆に光がないと、分泌が増えます。

メラトニンを分泌させ、熟睡するためには、ポイントが2つあります。

まず、**寝室はなるべく暗くしたほうが良いということ**です。

室内灯は当然消しますが、窓から外の光が入らないように、カーテンも遮光カーテンを用いたほうが良いでしょう。

寝る直前には強い光を浴びないようにします。パソコンやスマホのブルーライトが最近問題になっていますが、これもメラトニンを減らし、逆に活動的にさせてしまうため、好ましくありません。

眠る前にスマホなどを見るのは避けたほうが良いでしょう。

もう1つ重要なのは、日中の行動です。**朝日を浴びることと適度な運動をすること**。この2つが夜のメラトニン分泌に影響します。

日中は光を浴びたほうが、夜間のメラトニン分泌が増えることがわかっています。

したがって、あまり部屋の中に引きこもらずに、**外に出て太陽の光を浴びることが、熟睡するためには重要**です。

運動に関しても様々な研究が行われており、運動によって夜間のメラトニンが増えるという結果もあれば、変わらないとか、逆に減るといったデータもあります。

また、運動と一口に言っても、種類、強度、運動を行う時間などによって、脳への影響も変わってきます。

第5章で解説しますが、運動には脳を活性化する効果もあります。

学校の勉強の難易度が高くない低学年の間は、子どもにぜひ積極的に運動をさせましょう。**適度に体が疲れると、夜は熟睡しやすくなります**。すると、翌日元気に活動するための活力が自然と生まれてきます。

睡眠のコツ

「3大刺激」を減らして熟睡できる環境を作る

人間の睡眠は、約90分の周期で浅い睡眠と深い睡眠をくり返しています。

眠りが浅くなったときに騒音が聞こえたり、まぶしい光が差し込んだりすると、眠りが妨げられてしまい、日中の眠気や集中力低下につながる可能性があります。

したがって、**睡眠中はなるべく余分な刺激を遮断する必要があります**。


眠りを妨げる刺激には、前述した光の他にもたくさんあります。

ここでは主な3つを紹介しましょう。


まず**「音」**です。

なるべく静かな室内で眠るのが好ましいですが、家が道路の近くにあり、車の騒音が聞こえるとか、線路の近くで電車の音がするなど、騒音を避けにくい環境の場合は、耳栓を使うという方法もあります。

次に、**「室温や湿度」**も重要です。

暑すぎたり寒すぎたりすれば、その刺激で眠りが浅くなってしまうので、適温を維持する工夫が必要です。

日本には四季があり、年間を通じて気温の差が大きいことと、地域によっても気候が異なるため、どの方法がベストということは言えませんが、それぞれの住宅環境に応じた工夫をしていきましょう。


「寝具」も重要です。適温を維持するためにも欠かせません。

寝心地が悪いと感じている場合は、余計な刺激を感じているということです。なるべく快適で不快感のない寝具を選ぶのが良いでしょう。

特に睡眠中、体を支える敷布団やマットレスは重要です。硬すぎず、柔らかすぎないものが良いですが、体型や体重に個人差があるため、一概には決められません。

寝具店で試してみたり、レンタル品を試すなどして、子どもに合ったものを選ぶのが良いでしょう。

睡眠のコツ

たっぷり眠って「成長ホルモン」を促す

理想の睡眠時間について、7時間が良いとか、8時間は必要などと言われていますが、果たして本当でしょうか？

これには当然個人差がありますので、全ての人にとって8時間がベストなどということはありえません。

一般的な傾向としては、年齢とともに必要な睡眠時間も短くなっていきます。

その理由として、「基礎代謝」が関係していると言われています。

代謝とは、エネルギーの消費を意味します。**子どものほうがエネルギー消費が多いので、その分、回復のための時間も長くかかる**ということです。

小学校低学年時の睡眠時間に関して、私が東京大学の医学部生15名に行ったアンケートでも、全員が8～10時間の睡眠を取っていたことがわかりました。このことからも、子どもの頃から睡眠時間を削って勉強するよりも、しっかり眠ったほうが良いと言えるでしょう。

睡眠中には、成長ホルモンが大量に分泌されます。

成長ホルモンは文字通り、体の成長を司るホルモンです。しっかり眠って、たっぷり成長ホルモンを出すことは、子どもの成長のためにも極めて重要です。

ここで興味深い研究結果があるので紹介しましょう。

スタンフォード大学の男子バスケットボール選手を対象とした有名な研究です。

これは、10人の選手に40日間、毎晩10時間寝てもらい、それがパフォーマンスにどう影響するかを調べたものです。

実験期間中、選手の80メートル走のタイムとフリースローの成功率を記録したところ、80メートル走のタイムは0・7秒縮まり、フリースローは0・9本、遠くから投げる3点スローは1・4本も多く入るようになったそうです。

スポーツのパフォーマンスだけでなく、反応速度を調べるテストでも成績が向上していたようです。

そして、40日間の実験が終了し、10時間睡眠をやめたところ、選手たちの記録はもとに戻ってしまったということです。

この大学生たちは、毎日激しい練習をしていたこともあり、長時間の睡眠が必要だったとも言えますが、エネルギー消費の多い子どももやはり、しっかりと睡眠を取る必要があります。


では、具体的に何時間ぐらいの睡眠が必要か、考えてみましょう。

アメリカの国立睡眠財団が、2004年から2014年までに出版された文献において、睡眠時間の心身への影響に関する内容を調べた研究があります。

この調査には18人の専門家が招集され、子どもの睡眠時間に関して詳細な検討が行われました。大規模な調査の結果、6~13歳の子どもに推奨される十分な睡眠時間は、9~11時間でした。

予想以上に長いと感じた人もいるかもしれませんが、やはり育ち盛りの子どもには、このぐらいの睡眠が必要なのかもしれません。

日本国内では、ここまで大規模な研究結果はありませんが、小学校低学年の児童で、

9～10時間の睡眠を取っている子どもは、睡眠時間が6～8時間の子どもよりも自己統制能力（自分で自分の欲求を抑えることができる能力）が高いという報告があります。

その他の研究でも、9～10時間眠っている子どものほうが、集中力や情報処理能力が優れているといった結果も出ています。

こうした結果から、**小学校低学年の子どもは、9～10時間程度の睡眠時間が1つの目安**と考えられます。

具体的に何時間の睡眠が必要かは、前述したように個人差があります。

最適な睡眠時間を求める簡単な方法がありますので、次の項で説明しましょう。

睡眠のコツ

「体調チェック」で最適な睡眠時間を出す

前項で、睡眠時間は個人差があるという話をしました。

では、自分の子どもに適した睡眠時間を見出すにはどうしたら良いでしょうか？

ここで、**「フィードバック」**を活用します。子どもでも大人でも使える、とても有効な方法です。

フィードバックとは、「結果」を踏まえて「出力」を調整することを指します。フィードバックを活用しているものの例として、エアコンがあります。

夏、室温が高いとき、エアコンは冷気を出します。室温が30度で、24度まで下げたい場合、最初は冷気が大量に出てきます。そして、室温がある程度下がってくると、それを感知して出力を変更します。たとえば室温が26度まで下がったら、冷気の量が弱くなるといった具合です。

このようにエアコンは、室温という「結果」を踏まえて冷気の「出力」を調整しているのです。

睡眠時間を決める場合は、どのようにフィードバックを取り入れるのでしょうか。

まず、エアコンで言う「出力」に相当するのは、就寝時刻、起床時刻、昼間の仮眠の時間などです。「結果」は何かというと、「日中、眠気を感じずに集中力を維持できたかどうか」です。これを5段階で評価します。

とても調子が悪かった日は1、まあまあ調子が悪かった日は2、良くも悪くもなかった日は3、まあまあ調子が良かった日は4、調子が良かった日は5という具合です。

こうした記録を毎日つけていくと、どのくらいの睡眠を取ったときに調子が良いかがわかってきます。

睡眠時間や仮眠時間以外にも、日中の調子に影響する要素はあります。

たとえば、**運動や食事**です。

子どもの調子に影響しそうなものが他にもあれば、それも記録しておくと良いでしょう。体調との関連性が見えてきます。スポーツや習い事は、1週間単位でスケジュールが組まれていることが多いため、1~2週間記録を続けると、おおまかな傾向が見えてくるはずです。

睡眠のコツ

とにかく「夜型」から「朝型」へシフトする

夜は遅くまで起きていて、朝なかなか起きられない――そういった子どもは、どうしたら良いでしょうか？

このような場合はまず、**体内時計を朝型にシフトさせる**必要があります。

有効なのが、前述した「光」と「運動」です。

朝からお昼にかけては、なるべく光を浴びるようにします。それによって、体が昼間だということを意識し、体内時計の調整が始まります。

また、夕方以降は、あまり強い光を浴びないようにします。そうすることで、体は、夜に向かっていると認識します。

日中に運動をすると、夜間のメラトニン分泌のピーク時間が早まると言われています。つまり、夜早く眠くなるわけです。

起床後に10～20分程度ウォーキングやジョギングをすると、目覚めが改善しやすくなります。自律神経の1つである交感神経系を活性化し、体温を上昇させるからです。

このような光の刺激と運動をうまく組み合わせて、子どもの睡眠リズムがどう変わるか見ていくと良いでしょう。

もう1つ、私が息子に試した方法で、**「好きなものとセットにする」**というものがあります。息子は、夜にスポーツニュースを見る傾向にありました。ただそうすると就寝時刻が遅くなるため、夜は見せずに録画しておき、朝起きたら見せるルールにしました。

すると、それまでなかなか朝起きられなかったのが、眠い目をこすりながらも、テレビの前まで来るようになりました。

そして、好きな番組を見ている間に目が覚めてくるという具合です。

この方法はとても有効で、子どもに早起きの習慣をつけさせることができました。

以上のような方法をうまく組み合わせて、子どもの睡眠のリズムの変化を見てみると良いでしょう。

睡眠のコツ

「音」より「光」で スッキリ目覚める

朝は一日の始まりです。

スッキリ目覚めるかどうかで、スタートダッシュに大きく差がつきます。

では、朝スッキリ目覚めるにはどうしたら良いでしょうか。

私が以前からおすすめしているのが、**「光る目覚まし時計」を使うこと**です。

光る目覚まし時計とは、アラームをセットしておくと、起床時刻の20分くらい前からライトが点灯し、徐々に明るくなり、音の代わりに光で時刻を知らせるアラームです。もちろん、最終的には音も鳴るようにできています（図15参照）。

ジリジリと音が鳴る目覚ましよりも、光る目覚ましをおすすめする理由は、主に2つあります。

1つ目は、体内時計の問題です。

前述したように、光の刺激は体内時計をリセットします。

光を浴びることによって、私たちの体は「朝が来た」と感じ、起床モードに移行するのです。

図15　やる気のホルモンを引き出す目覚めの工夫

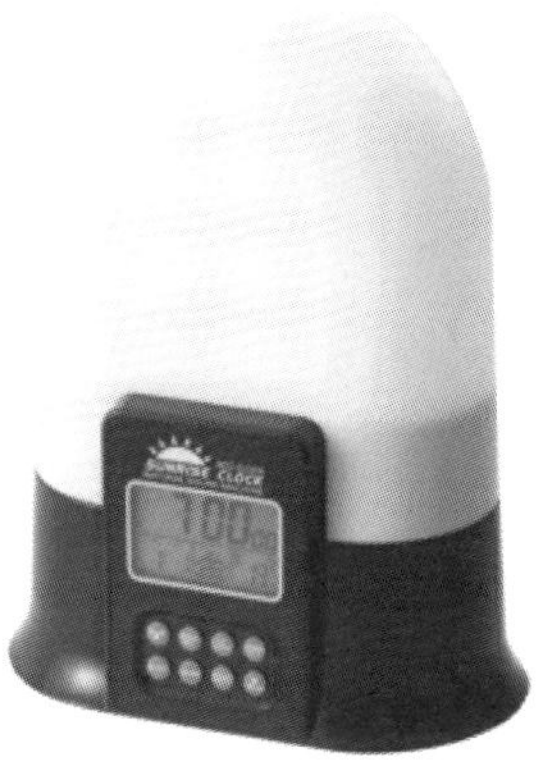

光る目覚まし時計を使うと……

1　起床時刻の20分くらい前からライトが点灯する

2　不快な音を聴かずにスッキリ起きることができる

↓

体内時計がリセットでき、
スッキリ目覚められる！

もう1つは、「やる気のホルモン」の問題です。

ジリジリとうるさい音が鳴ると、どうしても不快に感じてしまいます。

不快な状態では、やる気のホルモンが減少してしまい、「なんか眠いなあ。やる気が出ないなあ」という状態になってしまいます。

光の刺激で目覚めれば、このように朝から不快になることを避けられるのです。

自然な目覚めという点では、朝日とともに目覚めるというのが理想的ですが、起床時刻を一定にしていると、そういうわけにもいきません。

特に冬場は日の出の時刻が遅いので、まだ暗い時刻に起きる場合もあります。

そんなときこそ、光る目覚まし時計の出番となります。

体内時計をリセットしてスッキリ目覚めたい方に、おすすめのグッズです。

睡眠のコツ

生活リズムは「テレビ」で崩れる

テレビの弊害については色々なことが言われていますが、具体的に何がどう良くないのか解明するのは困難です。
ただし、子どものうちにダラダラとテレビを視聴する習慣を身につけてしまうと、受験のときや、社会人になってからも悪い習慣を引きずってしまう可能性は高いでしょう。

幼児のテレビの視聴時間と睡眠時間の関係を調べた研究があるので紹介したいと思います。なおこの調査対象は3～5歳の幼児なので、本書で対象にしている小学校低学年の児童よりもさらに幼い世代になります。

この研究では、幼児459名のテレビの視聴時間と就寝時刻、起床時刻の関係を調べています。その結果、テレビの視聴が1日1時間未満の子どもたちは、平均睡眠時間が10時間4分だったのに対し、1日3時間以上テレビを見ている子どもの平均睡眠時間は9時間25分で、約40分も少ないことがわかりました。
成長過程の幼児にとって睡眠は極めて重要ですので、この差は大きいと言えます。

その他にも、テレビの視聴が1日1時間未満の子どもは、朝食で主食と副食をきちんと食べている割合が42％なのに対し、3時間以上テレビを見ている子どもで朝食をきちんと食べている子どもは、わずか12・8％でした。

また食事中にテレビを見る割合ですが、前者で「いつもテレビを見る」と答えたのは、わずか8・8％だったのに対し、後者では「いつもテレビを見る」割合が、なんと82・1％もありました（図16参照）。

こうした結果を踏まえると、親の生活習慣が子どもに大きな影響を及ぼしていることが推察されます。

親がダラダラとテレビを見ていると、それにつられて子どももダラダラとテレビを見てしまい、結果として夜ふかしをして睡眠時間が減ってしまいがちです。それが長い間積み重なると、子どもの脳や体の発達にも影響する恐れが十分あります。

子どもの健やかな成長のためにも、テレビの視聴時間は制限し、規則正しい生活を心がけるのが良いでしょう。

図16　テレビ視聴時間と幼児の生活習慣

項目		分類	A群 N=57	B群 N=201	C群 N=162	D群 N=39	X2検定
睡眠	就寝時刻の規則性	決まっている	47.4	31.3	21.0	12.8	p<0.001
		大体決まっている	50.9	64.2	69.8	66.7	
		不規則になりがち	1.8	4.5	9.3	20.5	
	就寝時刻	午後９時まで	26.8	16.9	9.3	5.9	p<0.01
		午後9時から午後10時まで	60.7	65.1	61.3	55.9	
		午後10時以降	12.5	18.0	29.3	38.2	
	起床時刻の規則性	決まっている	50.9	43.3	27.8	38.5	p<0.05
		大体決まっている	47.4	55.2	71.6	59.0	
		不規則になりがち	1.8	1.5	0.6	2.6	
テレビ視聴	テレビ番組	決めて見る	28.1	12.9	5.6	5.1	p<0.001
		大体決めて見る	38.6	66.2	55.6	38.5	
		決めていない	33.3	20.9	38.9	56.4	
	食事中のテレビ視聴	テレビは見ない	42.1	30.7	14.8	2.6	p<0.01
		時々見る	49.1	36.7	27.8	15.4	
		いつもテレビを見る	8.8	32.7	57.4	82.1	

※表内の数値は％を示す
※Ａ群：１時間未満、Ｂ群：１時間以上２時間未満、Ｃ群：２時間以上３時間未満、
Ｄ群：３時間以上

出典：服部伸一「テレビ視聴時間の長短が幼児の生活習慣に及ぼす影響」　小児保健研究516（516～523）、2004年

睡眠のコツ

寝ているときの「口呼吸」に要注意

朝起きたときに、口の中が乾いている。のどが痛い。

こんな経験はないでしょうか？

経験がある人は、寝ているとき、口で呼吸しています。

「え、口で呼吸してはダメなの？」と思ったでしょうか。

実は、口で呼吸することは、健康面を考えるとあまり好ましくないのです。


人間が呼吸するときの空気の通り道は、鼻か口の2つだけです。

鼻から空気を吸う場合、鼻がフィルターの役目をしてくれるので、ホコリや細菌が入り込むのをふせいでくれます。口の中やのどが乾燥するのもふせげます。

ところが、口で呼吸した場合は、ホコリや細菌も素通りです。

しかも口の中が乾燥するので、歯茎やのどに、悪い細菌が繁殖しやすくなります。

私の知り合いの今井《いまい》一彰《かずあき》先生（みらいクリニック院長）は、この口呼吸の弊害に着目し、鼻呼吸を推奨しています。

今井先生は、**舌の筋肉を鍛えるための体操と睡眠時に口にテープを貼ること**を推奨しています。
福岡県にある須玖《すぐ》小学校で鼻呼吸を推奨した結果、インフルエンザに罹《かか》る割合が30%台から一桁台まで大幅に減ったという報告もあります（図17参照）。

ちなみに、今井先生が推奨しているのは、「あいうべ体操」という体操です。まず、口を大きく動かして「あ」「い」「う」と発声した後、「べー」を言いながら、舌を大きく突き出します。この動きを1日30回程度習慣化することで、舌の筋肉を鍛え、口呼吸を鼻呼吸に改善していくというものです。

かつて私は喘息持ちで、冬になると喘息の発作が出るため、ステロイドという薬の吸入をしていました。しかし2年前から睡眠時の鼻呼吸を導入したところ、発作が全く起きなくなりました。

冬場は空気が乾燥するので、空気中のホコリが増えます。それを知らず知らずのうちに吸い込んでいたのが、喘息の原因だったようです。

図17　須玖小学校（福岡県春日市）のインフルエンザ罹患率

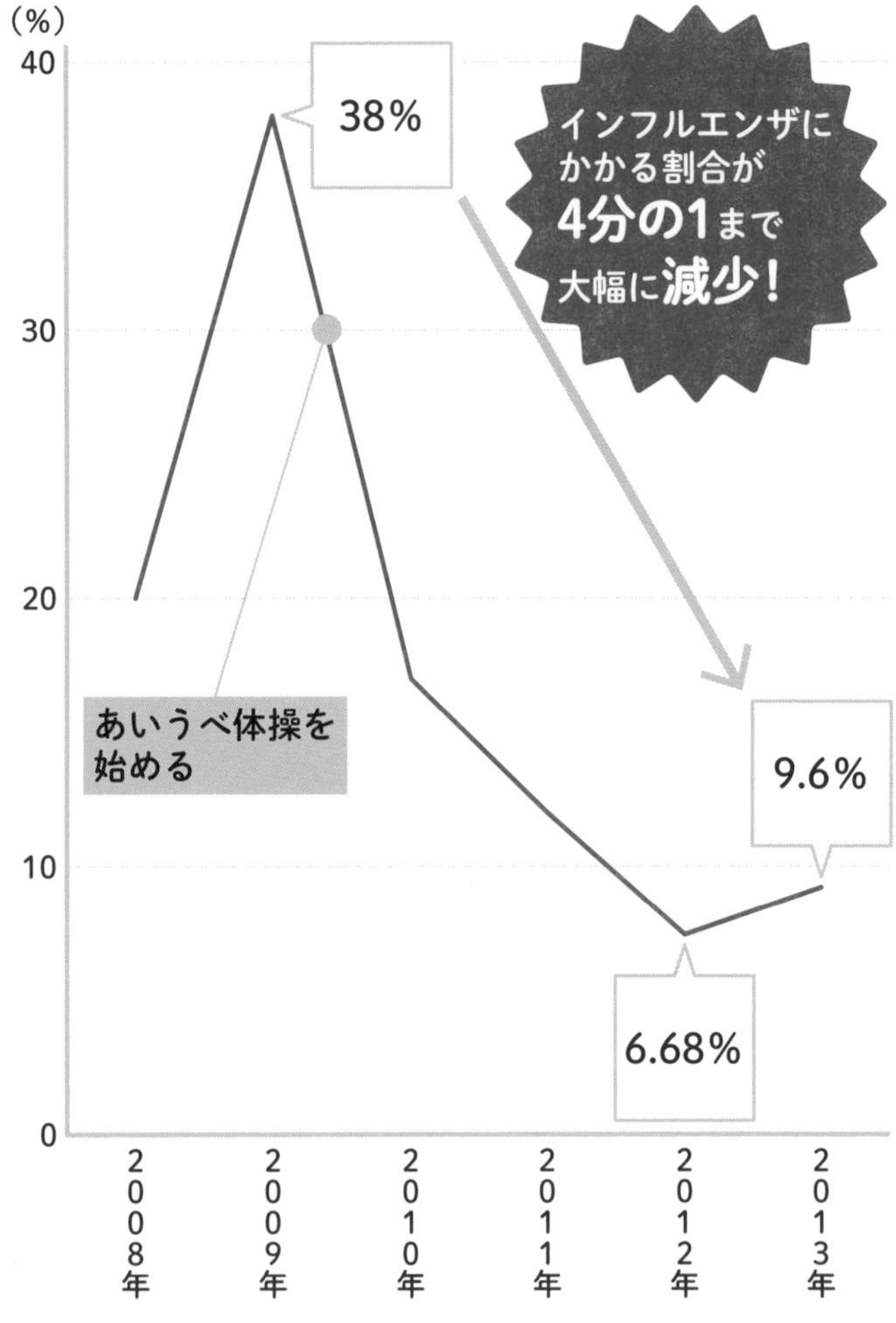

ところが、**鼻で呼吸すると鼻の中がフィルターの役目をしてくれるため、ホコリの流入をふせげる**のです。

最初、口にテープを貼って寝るのは違和感があるかもしれません。しかし、慣れてしまうと、朝起きたときも口の中が潤っていて、とても快適です。

お子さんに喘息やアレルギーがあり、しかも鼻の通りが悪いなどの症状がある場合、睡眠中、口で呼吸している可能性が高いです。

日本では、受験シーズンは冬場になりますので、風邪をひかないように注意する必要があります。風邪を予防し、元気な体を作るためにも、睡眠中の呼吸の状態をチェックしてみることをおすすめします。

第４章のまとめ

★寝る前の「テレビ」や「スマホ」はやめよう

★「音」「室温や湿度」「寝具」を調整して深く眠ろう

★「フィードバック」で子どもに合った睡眠時間を見つけよう

★「早起き」と「好きなもの」をセットにして朝型になろう

★「光る目覚まし時計」でスッキリ目覚めよう

★テレビは「３時間」以上見ないようにしよう

★「鼻呼吸」で風邪に強い体を作ろう

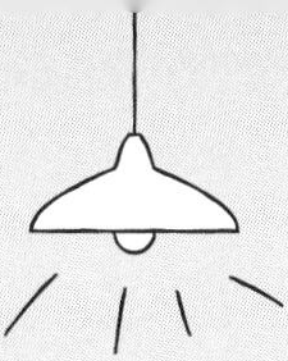

第5章

学力が2段階アップ！
おうちのキホン習慣

学力アップのコツ

毎朝の軽い運動が成績アップにつながる

本章では、第1章〜第4章の内容を踏まえ、さらに学力を上げるためにやっておきたい毎日の習慣についてお伝えしていきます。

勉強と運動の関連性について、興味深い研究結果があります。

アメリカのイリノイ州シカゴの西にあるネーパーヴィル・セントラル高校では、「0時限体育」と称して、授業の始まる前に運動を取り入れました。すると、生徒の健康度が全国一になり、さらには、成績も目覚ましく向上したそうです。

具体的にどのような運動をしたかというと、**ランニング**です。

トラックを4周して、時間と心拍数を計りました。

運動時のポイントは2つです。

1周ごとにタイムを測り、できるだけ速く走ること。そして、心拍数を185以上にすることです。

トラックを4周走るための所要時間は10分前後ですが、心拍数を185以上に上げるので、かなりハードな運動となります。

この0時限体育に参加した生徒は、読解力と理解力が大幅に向上したそうです。参加しなかった生徒の向上率が10・7％だったのに対し、毎朝運動をした生徒はなんと、17％も向上したのです。

さらに興味深いことに、2時限目に読解力の授業を受けた生徒と、8時限目に授業を受けた生徒では、2時限目に授業を受けた生徒のほうが、成績が良かったという結果も出たということです。このことから、運動直後は集中力が高いと考えられます。

この「学習準備のための体育」は、全米で大きな反響を呼びました。

セントラル高校を卒業した生徒のACT（米国大学入学能力テスト）の平均点は、州平均よりも20・1点も高かったそうです。

また、TIMSS（国際数学・理科教育動向調査）という、生徒の知識レベルを国際比較するテストでは、このネーパーヴィル・セントラル高校の生徒の成績が世界1位レベルとなったのです。

その後も多くの研究が行われ、運動が脳に良い影響を与えることが定説となっていきました。

イリノイ大学の研究では、学業成績と強く関連する要素が2つ見つかりました。第3章で紹介した、肥満度の基準であるBMIと有酸素運動能力です。

つまり、**太りすぎは良くないこと。そして、持久力があるほうが成績が良いという傾向がある**ことがわかったのです。

子どもに関しても、運動が脳に良いという研究データは多数報告されています。

ふだんよく運動している生徒は、運動していない生徒よりも学業成績が良いとか、有酸素運動をした後に読解力と自己管理能力が向上した、といった報告もあります。

運動が脳に良い影響を与えることを理解してもらえたでしょうか。

小学校低学年の間は、くり返しお伝えしているように、勉強の難易度もそれほど高くありません。この時期をうまく活用して運動する習慣を作っておくと、早い段階で脳を活性化させ、成績にも良い影響を与えてくれると予測できます。

学力アップのコツ

運動で頭の回転を上げる「交感神経」にスイッチが入る

運動と勉強は一見、無関係のように感じると思います。

しかし、先ほどの研究結果にもあったように、大いに関係があります。

ここで、そのメカニズムについて少しお伝えしましょう。


運動に欠かせない筋肉は、脳の指令によって動いています。

つまり、運動も勉強も、ともに「脳」を使っているということ。

筋肉をすばやく動かし、頭の回転を速くするためには、脳をうまく使いこなすことがポイントとなります。


そのためには、第1章でも紹介した、「脳内回路」の流れを速くすることが欠かせません。やる気のホルモンである「ドーパミン」も必要でした。

同じように、筋肉をすばやく収縮させたり、強い力を発揮させたりするのにも、この、やる気のホルモンが必要なのです。

しかし、朝起きた直後から頭が冴えわたり、力もみなぎっているという人は、めったにいません。

寝ている間は、眠っているときやリラックスしているときに優位になる「副交感神経」が活発になっています。それに対して、目覚めているときに活発になる「交感神経」は休んでいる状態です。

起床すると、この状態から徐々に交感神経が働き出し、寝ている間に優位だった副交感神経は、なりを潜《ひそ》めることになります。

さらに、朝運動すると、睡眠中眠っていた交感神経が目覚めてきます。やる気のホルモンであるドーパミンやアドレナリンなどの分泌が増え、「脳内回路」の電気の流れも速くするのです。

言い換えるなら、**運動することで、頭の回転も速くなる**わけです。

脳が活性化した状態であれば、効率良く勉強でき、成果が上がりやすくなるでしょう。

では、小学校低学年の児童が、この理論を取り入れるとしたら、具体的にどんな方法が良いのでしょうか。次の項で考えてみましょう。

学力アップのコツ

「ゆるすぎない」「キツすぎない」運動が脳を活性化させる

運動が脳を活性化する、特に朝の運動によって、日中の学習効果が上がるという話をしてきました。

では、具体的にどのような運動をすれば良いのでしょうか。

先ほどご紹介したネーパーヴィル・セントラル高校では、かなりハードな運動を取り入れていました。しかし、そこまでハードな運動を起きてすぐにやるのは好ましくありません。

自律神経は交感神経と副交感神経のバランスの上に成り立っています。眠っているときや食事のときなどは副交感神経が活発に、運動したり緊張したりしたときには、交感神経が活発になります。

朝起きてすぐは、交感神経があまり働いてない状態——つまり、運動する態勢ではありません。自動車で言えば、まだエンジンが温まっていない状態です。

そのため**朝は、いきなり全力でダッシュなどをするのではなく、徐々に体を慣らしていったほうが自然**です。

とはいえ、ゆるすぎても効果が期待できないので、ここでは心拍数を目安にするのが合理的です。最大心拍数は簡易的に２２０から年齢を引く計算で求められます。仮にお子さんが10歳なら、２２０－10＝２１０となります。

この心拍数の７割ぐらいを目安にします。

つまり、２１０×０・７＝１４７となります。

ゆっくりジョギングを開始して、徐々にペースを上げ、軽く息が上がるくらいのペースのときに、このくらいの心拍数になるはずです。

ただし、個人差があるので、運動不足で肥満気味の子どもだと早歩き程度でも脈が速くなる場合もありますし、逆にかなりスピードを上げても脈が速くならない子どももいます。

「心拍数ってどうやって測るの？　よくわからないし……」といった疑問が浮かんでくるかと思いますが、ここでの目的は、朝の寝ぼけた状態から、交感神経を働かせて脳を活性化することですので、実際に測定する必要はありません。

苦しくない範囲でジョギングを10～15分程度やれば十分です。

たったこれだけでも、「脳内回路」の電気の流れは速くなるはずです。

あまり堅苦しく考える必要はありません。

犬を飼っている人なら、犬の散歩がてら運動しても良いでしょうし、外に出る時間がない場合は、室内で楽しくできる運動として、トランポリンなどもおすすめです。

学力アップのコツ

ご褒美の「見える化」でやる気が大幅アップする

「脳内回路」を加速させるためには、やる気のホルモンを出すことがポイントでした。

そのための有効な方法として**「ご褒美」**があります。

子どもはご褒美をもらうと、とても喜びます。そのとき、子どもの脳内ではやる気のホルモン「ドーパミン」が分泌されています。

このご褒美をうまく活用することで、子どものやる気を引き出すことが可能になるのです。

しかし、ここでいくつか注意点があります。

まず、**毎回、ケーキやおもちゃなどの〝リアルな〟ご褒美を与えるのは良くありません。**

これには2つ理由があります。

まず、毎回ご褒美をもらっていては、ご褒美に対する感動が薄れてしまうからです。

第3章で、甘いものを摂り続けると反応が弱くなる、という話をしました。

それと同様で、同じご褒美を頻繁にもらっていては、それが当たり前になり、反応が弱くなってしまうのです。

ですから、**ケーキなら週に1回とか、おもちゃなら1～2ヶ月に1回といった具合に、適度に間隔を空けたほうが良い**のです。

そのうえ、子どもがケーキを好きだからといって毎回ケーキを出していたら、甘いものの摂りすぎになりますし、おもちゃを好きだからといって毎回おもちゃを買っていたら、金銭的にも大変です。リアルなご褒美の効果に頼りすぎるのは、現実的ではありません。

そこで、私がおすすめしているのは、**ご褒美を2段階にする方法**です。

1段階目のご褒美は、シールなどが良いでしょう。コストもあまりかからず、子どもも、もらえるとなんとなくうれしい、そのようなご褒美にします。

親子間で毎日やるべきことを決め、それができたらノートにシールを貼っていきます。そして、シールが一定数たまったら、2段階目の本格的なご褒美をもらえるようにします（図18参照）。

ちなみに、私が開発したアプリでは目標タイムを設定し、それをクリアできるとシールがもらえるようになっています。（下記よりアクセスできます→https://morilyn.com/archives/3355　※1カ月無料、翌々月より有料）

そして、「シールが10枚とか20枚とか、一定の枚数たまったらおもちゃがもらえる」など、子どもとの間で取り決めをします。そうすれば、このような2段階の設定にすることができます。シールの枚数を調整することで、おもちゃやケーキなど、リアルなご褒美の量や頻度も調整できるわけです。

私のアプリは誰でも無料で開始できますが、１００円ショップなどでシールを買ってきてノートに貼るという方法も可能です。

物事を続けるポイントは「見える化」して達成度がわかるようにすることです。

シールが増えるにつれて、ゴールが近くなることがひと目でわかるので、やる気がアップしていきます。

図18　ノートとシールを使ってご褒美を見える化

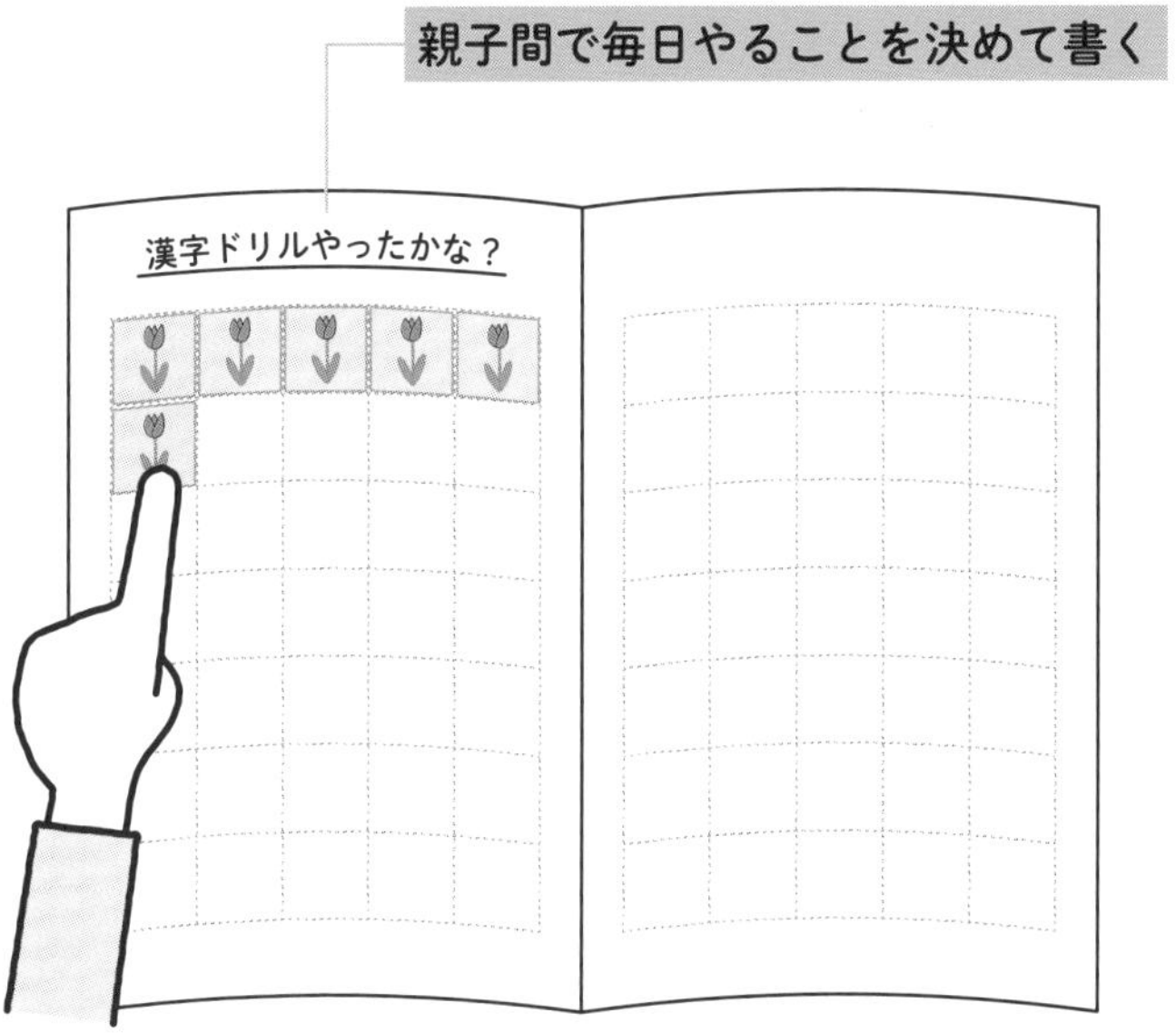
親子間で毎日やることを決めて書く
漢字ドリルやったかな？

シールだとコストもあまりかけずに済み、子どももらえるとうれしいので続きやすい！

「シールが20枚たまったらおもちゃがもらえる」といった取り決めをすれば、子どものやる気がアップしやすい

学力アップのコツ

「1を聞いて10を知る」にはドーパミンを活用する

親であれば誰でも、「1を聞いて10を知る」子どもに育ってほしいと願うのは当然です。では、どうすればそのような子どもに育つのでしょうか。

聞く力には3段階あります。

初めは、言われたことを1回で理解できない、あるいは実行できない状態です。

次の段階は、1を聞いて1を知ることができる状態です。

これは、言われたことは理解できる、そして、言われたことはきちんとこなせる人です。社会に出たら、最低限このレベルは必要です。

そして、最終的に目指すべきは、1を聞いて10を知ることができる状態です。

私の個人的な印象ですが、東京大学の学生には、こういうタイプの人が多いと思います。

ダラダラと説明しなくても、ポイントを簡潔に伝えるだけで理解できる。

「ああ、なるほど。そういうことですね」といった感じで会話がくり広げられることが多いのです。

では、どうしてこのような違いが生じるのでしょうか？

この違いを生み出しているのは、いわゆる**頭の回転の速さ**だと思います。

「そんなことを言われてもどうしようもない」「結局生まれ持った才能の違いでは？」と思う人も多いと思いますが、そうではありません。

頭の回転とはすなわち、本書でくり返し紹介してきた「脳内回路」の速度に他なりません。**「脳内回路」は訓練次第で強固なものにできます**。

「脳内回路」を強化するためには、前項でも紹介したとおり、やる気のホルモン「ドーパミン」を出す必要があります。

子どもは好奇心が旺盛です。色々なことに興味を持ちます。興味を持っている状態とは、すなわち、やる気のホルモンが出ている状態です。

ですから、**子どもが好奇心を失わないように、興味を持ったことにはどんどんチャレンジさせてあげたほうが良い**でしょう。

色々な分野の「脳内回路」を子どものうちに形成しておくことが、大人になってからも役に立ちます。

学力アップのコツ

おうちに「集中できる場所」を作る

勉強を習慣化し、集中しやすくするためにも、環境はとても重要です。

そこで、どんな環境が子どもの勉強に適しているかを考えてみましょう。


まず、勉強に取り組みやすくするにはどうしたら良いかという問題があります。

人間の脳は「面倒くさいこと」をやりたがらないという特性があります。

何か作業を開始するとき、脳は瞬時に高速で回転して様々なことを考えます。そして、「これは面倒くさい」とか、「面倒くさくない」と、速やかに判断を下しているのです。


では、面倒くさいと思うものとそうでないものの違いは何でしょうか?

ここでポイントとなるのは**「ステップの数」**です。

何かを始めるまでのステップが多ければ多いほど、人間は「面倒くさい」と感じやすいのです。

仮に、3階建の家に住んでいて、1階にリビングやダイニングがあり、3階が勉強部屋だとします。夕食が終わったら、3階まで上がって行きます。そして、勉強部屋には鍵がかかっています。それを開けないと部屋に入れません。

部屋の鍵を開け、中に入ると大きな金庫が置いてあります。金庫の中には参考書や問題集が入っています。今度は金庫の鍵を開けて、中に入っている参考書を取り出します。そうして、ようやく勉強を開始できる……。

子どもがこんな環境に置かれていたら、どうでしょうか?

勉強を始めるまでのステップがたくさんあるため、毎回「面倒くさいな」と感じて、勉強する前からやる気が低下してしまうでしょう。そして、いつしか「勉強＝面倒くさい」というイメージが定着してしまいます。

ところが、学校から帰ったとき、玄関から入ってすぐのリビングに参考書や問題集が置いてあったらどうでしょう。ぱっと手に取って勉強を始めることができれば、勉強を始めるまでに「面倒くさい」という感覚は生じません。

むしろ、「勉強は身近なもの、手軽に取り組めるもの」という感覚を持つようになるでしょう。

このような脳の反応を考えると、**勉強の習慣が定着していない小学校低学年の時期にリビングや、リビングの近くで勉強するのは理にかなっている**と言えます。

ちなみに、私が東京大学の医学部生に行ったアンケートでも、14人中11名が、小学校低学年の時期はリビングで勉強していたと答えています。

学力アップのコツ

集中力を乱すモノを近くに置かない

勉強に取り組みやすい環境を作ったら、次に考えるべきは、さらに**集中できるように環境を整えること**です。

睡眠の項目で、睡眠を阻害する刺激をなるべく排除する話をしましたが、勉強も全く同様です。勉強と関係のない刺激は、なるべく避けたほうが良いでしょう。

具体的には、**勉強と関係のないものは、周囲に置かないようにすること、そして、余計な音や匂いなどの五感を刺激するものも避けること**をおすすめします。

前項で、ステップが多いほど面倒くさく感じるという話をしましたが、ここでは、それを逆手に取って活用します。

勉強と関係のないものは、手に取るまでのステップを多くすれば良いわけです。

たとえば、勉強する場所からなるべく遠い場所にゲームやスマホを置くようにすれば、すぐ手に取ることができないので、勉強の途中で気が散る確率は低くなります。

ある程度勉強の習慣ができたら、リビングではなく、勉強部屋で勉強したほうが良いでしょう。雑音などの余計な刺激を遠ざけることができます。

そして、**勉強部屋には、勉強と関係のないものは置かないようにするのがベスト**です。

日本は住環境が一般的に広くないので難しいかもしれませんが、子どものプライベートな部屋、つまり、机だけでなく、ベッド、衣類、おもちゃなど全てが置いてある部屋よりも、勉強専用の部屋が持てれば理想的です。

それが難しい場合、広いスペースをパーテーションで仕切るだけでも、環境はガラリと変わります。色々工夫してみると良いでしょう。

学力アップのコツ

「優先順位」を決める習慣で集中モードに切り替える

小学校低学年のテスト問題はそれほど難しくないので、順番通りに解いていけば「ほとんど問題を解けなかった」ということはないでしょう。

しかし、中学受験、高校受験、大学受験といったレベルになってくると、そうもいきません。

たとえば、東京大学の入学試験の数学の問題は、必ず難しい問題が1〜2題紛れ込んでいます。仮に一番難しい問題が1問目にあったとして、それに時間をかけすぎたら、他の問題を解く時間がなくなってしまいます。

そこで、最初にやさしい問題をすばやく解いて、残った時間で難しい問題をじっくり考えるといった優先順位のつけ方と時間配分の取り方が必要になります。

この優先順位づけと時間配分は、子どものときから習慣づけることが可能です。

日常生活でも、重要なことを優先して行う習慣をつけておきます。

最近は小学生でもスマホを持つ時代ですが、ダラダラとＬＩＮＥで友達とやりとりしたり、ゲームをしたりしていたら、あっという間に時間が過ぎてしまいます。**勉強や習い事など、優先すべきことを先に済ませる必要がある**わけです。

パーキンソンの法則をご存知でしょうか。

これはイギリスの政治学者・パーキンソンが言った言葉です。

「仕事量は与えられた時間を使い切るまで膨張する」。

つまり、**仕事でも勉強でも遊びでも、時間があり余っていると思うとダラダラしてしまい、結局は余分な時間を使ってしまう**ということです。

ゲームなどの遊びに費やす時間は、何時間あってもきりがありません。

だからといって、長くやったほうが楽しいのかというと、そんなこともありません。

ゲームを1時間やるより、2時間あるいは3時間やったほうが充実して楽しかった、などということはないのです。

これは、社会人の飲み会と同じです。

2次会、3次会まで参加したほうが親交が深まるなんていうことはありません。仮に1次会の2時間だけと限定されていれば、時間が限られている分、より親交を深めようと思うのではないでしょうか。

ダラダラとした時間はどんどん膨張します。それをふせぐためには、**時間制限を設けること**。そして、**優先順位を決めて時間を配分すること**が重要です。何を優先すべきかを考え、勉強も遊びも時間を区切って集中する。そのような習慣を子どものうちから形成するのが良いでしょう。

小学校低学年ではそれほど長時間勉強する必要はありません。宿題やお手伝いなど、優先すべき課題を子どもに考えさせ、それが終わったらゲームをやっても良い、とする方法もあります。

こうすることで、子どもも前向きに頑張れるはずです。

第5章のまとめ

★「毎朝10分の運動」で脳を活性化させよう
★散歩などの「軽い運動」で目を覚まそう
★ご褒美は「2段階」に分けよう
★「興味」を持ったら、どんどんチャレンジしよう
★低学年のうちは「リビング」で勉強しよう
★勉強中はゲームやスマホを「手の届かない場所」に置こう
★勉強も遊びも「優先順位」と「時間」を決めて取りかかろう

おわりに

社会の変化に負けないために、小学生からしておくこと

私は昔から将棋が好きなのですが、今まで将棋はどちらかというとマイナーなイメージがありました。

ところが2017年、そのイメージが一変しました。

それは、当時中学生だったプロ棋士・藤井聡太さん（現二冠）の出現です。彼はデビューからいきなり連勝という大記録を打ち立て、マスコミを賑《にぎ》わせました。

藤井棋士の活躍は、将棋界にとって、かなり革命的だと私は考えています。

それまで、20年以上にわたって将棋界を牽引《けんいん》してきたのは羽生善治《はぶよしはる》竜王です。

かつて、将棋のプロは紙の棋譜（対局の記録）をもとに戦法を検討していました。

ところが羽生九段はコンピューターによるデータ管理を積極的に導入し、革命をもたらしました。これまでの常識を見事に覆したのです。

もちろん、人並み外れた努力があったのは間違いありません。一時は将棋の大タイトルを独占するなど、驚異的な活躍で将棋界を引っ張ってきました。

そして、2017年に登場した藤井棋士はAIを研究に活用しています。

1997年、IBMのスーパーコンピューターがチェスのプロに勝って話題になりました。チェスは将棋と同じように相手の駒を取るゲームですが、将棋では取った駒を使えるのに対し、チェスでは取った駒が使えないので、将棋よりはシンプルです。当時は、「チェスに比べて将棋は複雑なので、コンピューターが将棋で人間に勝つのは無理だろう」と言われていました。

しかし、それから20年たった今、AIは将棋のプロにも勝てるようになったのです。

藤井棋士の賢いところは、AIに勝とうとするのではなく、その良さを積極的に学び取ろうとした点にあります。人間では思いつかないような手を指すAI。そこに新しい戦術を見出したわけです。

このように時代の変化に伴い、私たちも変化し、対応していく必要があります。

すでにＩＴやＡＩの進歩により、私たちは自分の記憶に頼る場面が大幅に減りました。

覚えておくべき事柄は、パソコンやスマホを通してクラウドシステムに入力しておけば、いつでも引っ張り出してくることができます。調べたいことがあれば、Googleでいつでも検索できます。

かつては、「物知りな人＝賢い人」というイメージがありましたが、今では、**物知りよりもすばやく検索できる人のほうが重宝される時代**なのです。

そして、考える力は、コンピューターより人間のほうが圧倒的に上だと思われていたのが、それすらＡＩの進化で逆転されようとしています。「正確さ」「均一性」という点において、私たちはコンピューターに太刀打ちできなくなるでしょう。

私たち人間は個々の能力にばらつきがあります。

しかし、それこそが人間らしさであり、一言で言えば、「個性」になります。勉強は得意だけど歌は下手とか、勉強は苦手だけど絵は得意とか、人それぞれの好き嫌いや得手不得手があります。

これまでの日本の教育は、皆が同じことをして、同じ結果を出すことが求められてきましたが、もはや、そういうことはＡＩに任せれば良い時代になりました。

それよりも、一人ひとりの個性を見出し、それを伸ばしてコンピューターが絶対真似できないような魅力的な人間を育てていく必要があるでしょう。

親の代わりにＡＩが子どもの個性を見つける……。そんな風にならないことを祈っています。

森田敏宏

Circadian Rhythms of Urinary Melatonin and Salivary Immunoglobulin A,"*The Journal of Biological and Medical Rhythm Research*, 16(3),1999,359-371
- Yngvild S. Danielsen, Ståle Pallesen, Kjell M. Stormark, Inger H. Nordhus, Bjørn Bjorvatn,"The relationship between school day sleep duration and body mass index in Norwegian children (aged10-12),"*International Journal of Pediatric Obesity*, 5(3),2012,214-220
- 赤澤淳子・後藤智子「小学生における基本的生活習慣が自己統制および向社会的行動に及ぼす影響」『仁愛大学研究紀要　人間学部篇』第 12 号、2013 年、1-12 ページ
- 小川信夫著『溶ける家族と子どもたち』玉川大学出版部、1998 年
- 大脇義一著『直観像の心理 増補版』培風館、1970 年
- 財団法人自治体国際化協会ニューヨーク事務所「米国における子ども達の肥満とその対策～学校での取り組みを中心に～」『Clair Report』第 355 号、2011 年
- 志田正「早期英語教育の重要性」『長崎ウエスレヤン短期大学紀要』第 10 巻、1987 年、61-75 ページ
- 付岡京子「帰国子女の英語力：事例分析成功例」『共栄学園短期大学研究紀要』第 9 巻、1993 年、55-63 ページ
- 服部伸一著「テレビ視聴時間の長短が幼児の生活習慣に及ぼす影響」『小児保健研究』第 63 巻第 5 号、2004 年、516-523 ページ
- 林直亨、中村好男、村岡功「一過性の運動中および運動後の自律神経系活動に及ぼす運動強度の影響」『体力科学』第 44 巻 2 号、1995 年、279-286 ページ
- 兵庫県立リハビリテーション中央病院子どもの睡眠と発達医療センター編集『いま、小児科医に必要な実践臨床小児睡眠医学』診断と治療社、2015 年
- マイケル・モス著、本間徳子訳『フードトラップ 食品に仕掛けられた至福の罠』日経 BP 社、2014 年
- 前橋明著『子どもの心とからだの異変とその対策』明研図書、2001 年
- 三池輝久著「睡眠・身体リズムの乱れ」『小児内科』第 32 巻第 9 号、2000 年、1317-1321 ページ
- 森田敏宏著『東大ドクターが教える集中術』小学館、2013 年
- 横田晋務著、川島隆太監修『２時間の学習効果が消える！やってはいけない脳の習慣』青春出版、2016 年
- ジョン J. レイティ著、エリック・ヘイガーマン著、野中香方子訳『脳を鍛えるには運動しかない！最新科学でわかった脳細胞の増やし方』NHK 出版、2009 年

参考文献

- Akiko Hirao, Yu Tahara, Ichiro Kimura, Shigenobu Shibata,"A Balanced Diet Is Necessary for Proper Entrainment Signals of the Mouse Liver Clock,"*PLOS ONE*,2009
- Avi Sadeh, Reut Gruber, Amiram Raviv,"Sleep, neurobehavioral functioning, and behavior problems in school-age children,"*Child development*, 73(2),2002,405-417
- Benjamin A. Sibley, Jennifer L. Etnier,"The Relationship Between Physical Activity and Cognition in Children: A Meta-Analysis",*Pediatric Exercise Science,15*(3),Human Kinetics Publishers, Inc.,2003,243-256
- Carl W. Cotman, Nicole C. Berchtold,"Exercise: a behavioral intervention to enhance brain health and plasticity," *Trends Neurosci*,25(6),2002,295-301
- Charles H. Hillman, Darla M. Castelli, Sarah M. Buck,"Aerobic Fitness and Neurocognitive Function in Healthy Preadolescent Children,"*Medcine & Science in Sports&Exercise*,37(11),2005
- Charles H. Hillman, Matthew B. Pontifex, Lauren B. Raine, Darla M. Castelli, Eeic E. Hall, Arthur F. Kramer,"The effect of acute treadmill walking on cognitive control and academic achievement in preadolescent children,"*Neuroscience*,159(3),2009,1044-1054
- Dawn P. Coe, James M. Pivarnik, Christopher J. Womack, Mathew J. Reeves, Robert M. Malina,"Effect of physical education and activity levels on academic achievement in children,"*Medicine and Science in Sports and Exercise*,38(8),2006,1515-1519
- Field T, Diego M, and Sanders C. E,"Exercise is positively related to adolescents' relationships and academics," *Adolescence*,36(141),2001,105-110
- Gene J. Wang, Nora D. Volkow, Jean Logan, Naoml R. Pappas, Christopher T. Wong, Wel Zhu, Noelwah Netusll, Joanna S. Fowler,"Brain dopamine and obesity,"*The LANCET*,357(9253),2001,354-357
- Giselle P. Lim, Teresa Chu,Fusheng Yang, Walter Beech, Sally A. Frautschy, Greg M. Cole,"The Curry Spice Curcumin Reduces Oxidative Damage and Amyloid Pathology in an Alzheimer Transgenic Mouse,"*Journal of Neuroscience 1 November 2001*,21(21),8370-8377
- Himani Awasthi, Santoshkumar Tota, Kashif Hanif, Chandiswar Nath, Rakesh Shukla,"Protective effect of curcumin against intracerebral streptozotocin induced impairment in memory and cerebral blood flow,"*Life Sciences*,86(3-4),2010,87-94
- Leslie J. Stein, Beverly J. Cowart, Gary K. Beauchamp,"The development of salty taste acceptance is related to dietary experience in human infants :a prospective study," *American Journal of Clinical Nutrition*,95(1),2012,123-129
- Max Hirshkowitz, Kaitlyn Whiton, Steven M. Albert, Cathy Alessi, Oliviero Bruni, Lydia DonCarlos, Nancy Hazen, John Herman, Eliot S. Katz, Leila Kheirandish-Gozal, MSc, David N. Neubauer, Anne E. O'Donnell, Maurice Ohayon, John Peever, Robert Rawding, Ramesh C. Sachdeva, Belinda Setters, Michael V. Vitiello, J. Catesby Ware, Paula J. Adams Hillard,"National Sleep Foundation's sleep time duration recommendations：methodology and results summary",*Sleep Health*,1(1),2015,40-43
- Palak V. Shah,"A Comparative Study of Treadmill Walking/Jogging and Mini-trampoline Jogging for Metabolic Cost and Contact Force,"2007
- Purusotam Basnet, Natasa Skalko-Basnet,"Curcumin: An Anti-In ammatory Molecule from a Curry Spice on the Path to Cancer Treatment,"*Molecules*,16(6),2011, 4567-4598
- Shin-Jung Park, Hiromi Tokura,"Bright Light Exposure During the Daytime Affects

森田敏宏（もりた・としひろ）

医学博士／能力開発コンサルタント
1965年千葉県生まれ。1985年、独自に開発した集中法で、地方の新設校から最難関の東京大学理科Ⅲ類に合格。東京大学医学部卒業後、東京大学医学部附属病院で循環器内科医として活躍。2008年まで心臓カテーテル治療のチーフを務め、手術の件数を50例から600例まで10倍以上に増やすなど貢献。並行して、当時まだ有名でなかった加圧トレーニングに着目し、東大病院に導入。加圧ブームの火付け役となる。2007年、会社経営者だった父親が多額の借金を残して急逝したのを契機に、企業経営や人材育成に本格的に取り組む。集中力を活かした独自のメソッドで、経営再建、人材育成、ダイエットなど、多くの分野で成果を上げる。

現在は医師としての活動の他に、会社経営、企業コンサルタント、ビジネスパーソンの行動改善、集中力アップ、ダイエットなどの指導も行っている。十数社の企業および医療法人の経営に携わっており、経営改善・収益向上・人材育成などに貢献している。

著書に、『東大ドクターが教える集中術』、『東大理Ⅲにも受かる7つの法則―難関を乗り越える処方箋』（ともに小学館）、『やるべきことがみるみる片づく東大ドクター流やる気と集中力を引き出す技術』（クロスメディア・パブリッシング）などがある。

◆東大ドクター森田の潜在能力開発講座　ホームページ
http://morilyn.com

ブックデザイン　木村勉
DTP・図表　横内俊彦
編集　大島永理乃
校正　池田研一

※本書は2018年3月発刊の「東大ドクターが教える 塾に行かなくても勉強できる子の習慣」に加筆・修正を加えたものです

東大生の子どもの頃の習慣を科学的に解明
勉強ができる子になる育て方

2021年2月22日　初版発行

著　者　森田敏宏
発行者　野村直克
発行所　総合法令出版株式会社
〒103-0001 東京都中央区日本橋小伝馬町15-18
EDGE小伝馬町ビル9階
電話　03-5623-5121
印刷・製本　中央精版印刷株式会社

落丁・乱丁本はお取替えいたします。

ISBN 978-4-86280-789-2
総合法令出版ホームページ　http://www.horei.com/